日本居住福祉学会
居住福祉ブックレット
22

韓国・居住貧困とのたたかい

居住福祉の実践を歩く

全泓奎

JEON, Hong Gyu

東信堂

はじめに

韓国は、居住福祉においては先進国であると私は評価している。というのは、「居住福祉」という言葉を単に抽象的な宣言にとどめず、具体的な政策や実践レヴェルまで移しているからである。二〇〇三年に、これまでハコモノ行政として多くの開発プロジェクトを主導してきた当時の建設交通部[1]（現、国土海洋部）の中に「居住福祉企画課」という前代未聞の部署が新設された。住宅問題の解決こそが国家成長の原動力であり、かつ社会統合の基礎であるという認識に立ち、当時の国の最高責任者であった盧武鉉《ノムヒョン》大統領が、関連施策を推進するよう命じたのがきっかけである。筆者も同政権後半期に専門職採用で同部に入り、居住福祉企画課の居住福祉担当事務官を務めたことがある。当時私が担当していた業務内容は、「住宅バウチャー制度[2]導入に向けた研究及び実現方法の模索」、「最低居住水準及び居住実態調査の指標・統計管理」、「自治体居住福祉の施策評価」「高齢者居住安定法の立法の推進」等であった。そして中でも最も重要なものとして「居住福祉基本法制定推進の検討」があった。これは残念ながらその後の大統領選挙等、政治プロセスの中で優先順位が下がり、政権交代によって業務分掌項目から消える羽目に陥ったのだが、当時の居住福祉への関心の高まりを読み取ることはできる。

より具体的な居住福祉政策の基本理念や目標については、韓国の住宅・居住政策の法定計画である「住宅総合計画（二〇〇三～二〇一二）」の中で確認することができる。これは、「住宅法」第七条の規定によって作成された。本計画では、国の住宅政策の基本目標及び方向が示されており、とりわけ低所得者や無住宅者など、社会的弱者に対する住宅支援に関する事項が盛り込まれている。

そこで示されている住宅政策の基本理念として、以下のような内容が挙げられている。

「居住福祉の向上と階層間・地域間の住居不平等の解消を通じた国民統合」、「住宅問題は社会全体の発展と国家成長の原動力という認識に基づく住宅政策枠組みの転換」、「住宅そのものに対するアプローチだけでは住宅問題の解決に限界があるため、社会政策（social policy）的なアプローチが必要」等である。つまり、住宅及び居住政策は、建設行政だけではなく社会政策の一環として取り組むべきであり、それが結果としては国の成長や社会統合にも資することになるという認識に立っているのである。その後、そのような認識に基づき、居住セーフティネット構築のため、公共賃貸住宅の供給が必要と判断され、二〇一二年までに低所得層向け国民賃貸住宅一〇〇万戸、民間部門の一〇年賃貸住宅五〇万戸等、合計一五〇万戸の公共賃貸住宅の建設供給計画を作成し、実行してきた。さらに、計画達成のため、「国民賃貸住宅建設等に関する特別措置法」を制定し、「国民賃貸建設企画団」を建設交通部に設置(二〇〇四・三)して(団長は局長級に当たる)、住宅局内にあった居住福祉企画課を同企画団に派遣した。これは、低所得層の居住安定のために建設供給される公共賃貸住宅について、単にハコモノだけの供給にとどまらず、社会サービスなど包括的な居住福祉政策としてのアプローチが必要であるという判断があったが故の組織配置であったと推察できる[3]。

一方、二〇〇八年の政権交代後、居住福祉関連施策はほぼ前政権の際に導入されたプログラムを踏襲するにとどまっているようであり、一時期実際に居住福祉業務に携わっていた筆者としては非常に残念である。

本書ではまず、韓国における居住福祉活動の前身とも言える貧困地域での住民組織化活動について紹介し、それから最も特徴的な居住福祉施策について簡単に事例を紹介する。最後に居住福祉実践を行っている関連団体や活動内容を紹介する。本書は読者のみなさんが、実際に韓国を訪れ本書で紹介している居住福祉実践団体を歩いて回る際に参考になるよう企画したものである。各事例の最後には各団体の連絡先等を加え、実践的なフィールドワークの一助となるように努めた。では、これから韓国の居住福祉の世界に足を踏み出してみよう。

注

1　日本の省に当たる政府組織。

2　欧米を中心に実施されている居住福祉プログラム。本人の居住費負担水準を超える家賃の一定額を地主、あるいは、本人に給付し、居住困窮層の居住安定を確保させる政策手段である。韓国でも当時の居住福祉企画課において導入が検討されたが、政権交代により推進力を失してしまった。

3　実際に、同企画団の中で、居住福祉企画課が担当していた役割の主なものとしては、上記で挙げた内容以外に、民間支援団体の参画を誘導し、公共賃貸住宅（国民賃貸住宅）団地の中で居住者の生活向上のための就労支援策を様々な形で実施すること、社会サービスを始め、居住者の生活ニーズに密着した関連施設を複合化（幼老統合ケアなど）するための研究事業を委託し（後述する社団法人韓国都市研究所に委託・実施した「国民賃貸住宅団地における共生型福利施設設置方案」）、事業実施に向けた具体策を模索すること、後述する買上賃貸住宅等の管理運営を民間に委託するための官民の中間的な機能を担う「居住福祉財団」の設立を推進すること等があった。

目　次／韓国・居住貧困とのたたかい：居住福祉の実践を歩く

韓国・居住貧困とのたたかい：居住福祉の実践を歩く

序―居住福祉への目覚め

私が都市低所得層の居住福祉に関心を持つことになったきっかけは、一九九四年当時強制立ち退きに迫られていた再開発地域との出会いであった。韓国では一九八八年のソウルオリンピックを前に大規模な都市整備が進められ、都市再開発事業が本格化した。その後も継続的に再開発事業が進められ、オリンピックが終了した一九九〇年代に入ってからもソウル市内だけで毎年一〇～二〇地区で再開発が行われた。その結果、一九七〇年代にはソウル市人口のおよそ一〇％が居住していたスラム地域「サンドンネ・ダルドンネ」は高層マンションに入れ替わってしまった。

大学卒業を目前に控えていた頃、私は再開発事業が実施されていた市内のある地域の活動に関

わるようになった。大学に入学してから社会の民主化を夢見て学生運動に身を置いていた私は、その延長で社会問題への意識が高かったあるマスコミへの入社を目指して朝も夜もなく猛勉強に励んでいた。ちょうどその頃、後輩から近所の再開発地区で暴力団による強制立ち退き

1960年代の川沿いのバラック（清渓川、ソウル、1965年）
出所：ソウル市政開発研究院・ソウル学研究所（2000：205）

が行われたこと、そして、近いうちにまた襲ってくる可能性があるという話を耳にした。一週間は悩んでいたと思う。その後私は、後輩らとともにまず当該地域に行ってみることにした。それが始まりだった。当時学生運動等に関わっていた学生の活動現場は大きく三つに分けられる。一つは工場で、最も代表的な活動の場である。既に八〇年代より工場への偽装就業後に労働者を組織化し、労働組合作りを支援するような学生や組織がほぼすべての大学に存在していた。次に農村地域である。一九八〇年代半ばから九四年まで行われたGATT（関税及び貿易に関する一般協定）ウルグアイ・ラウンド交渉によって韓国の農村や農業の将来が危ぶまれるようになり、それに疑問を抱いた大学生が農村地域に出向き、農民の組織化や子どもなどを対象にした地域生活支援活動を展開していた。そして最後に、再開発地区指定等により立ち退きを迫られている地域に入り、都市貧困層の居住権と生活権の獲得に向けた活動を展開していた学生グループである。しかし、一部の学生を除いては、労働争議や米価交渉、強制立ち退き等のイシューが生じた時にだけ現場に出向く単発的な活動に終始する場合が多かった。私も最初は軽い気持ちで地域に足を運んだ。しかし実際に地域に入り、半分崩れ落ちた家屋やそのすぐ隣で無邪気に遊んでいる子どもたちの笑顔、そして生活の防衛のために立ち向かっていく住民たちの姿を目にして、これまでの学生運動と地域との関わりに疑問を抱くことになった。その数日後、私は、地域内の崩れかけたある一軒家で荷をほどいていた。それが一九九四年八月。その後、地域住民の居住へのたたかいを支援するために住民会議の組織化、学習会の企画、さらに地域内の子どもたちのためにボランティア教師として近隣の大学生を集めた寺小屋を開設した。それから五年、一九九九年に来日するまで私は同地域を生活の場としながら、地域内の住民の生活向上に向けた就労支援計画の立案（いずれも失敗に終わってしまったが、住民の協同による生活協同組合や生産協同組合の企画等。初期資金の確保のため冬場に住民と焼き芋を販売して回ったりしていた）、寺小屋を中心とした子どもたちの教育支援、地域外の住民との交流も視野に入れた地域映画祭・文化祭の開催、他の再開発地域との交流等を進めてきた。これらの経験が私にとっての居住福祉との出会いであり、今の自分を支える大きな土台になっている。「居住福祉」の発案者で日本居住福祉学会会長である早川和男は「住居は、生活の基盤、健康・発達・福祉の基礎」と訴える。

国が定めた最低居住水準に満たない劣悪な環境にある住居は、居住者の健康を損ね、生の意欲を喪失させる。立ち退きの危機に瀕しているという不安定な居住状態は、社会参加の妨げになり持続可能な居住生活を困難にさせる。良質かつ安定した住居及び居住生活があるからこそ初めて福祉の向上につながるのである。

一、居住福祉実践の黎明期――低所得層居住地におけるコミュニティ組織化

韓国の居住福祉実践の萌芽は、貧困コミュニティの再編と解体過程に立ち向かう居住権運動にあったと言っても過言ではない。ここではその最も嚆矢的な存在として評されており、当時のスラム地域で貧困住民の居住の権利と生活向上のために展開されたコミュニティ組織化（略称CO、以下、CO）活動について紹介する。

貧困住民によって初期開発された居住地に対し、一九六〇年代半ばまではその場凌ぎの撤去や移転政策しか政府は対策を打ち出すことができなかった。そのため、コミュニティからの対応にも目立ったものはなかった。地域が撤去されても近くに十分な土地があったため、そちらに移れ

ばよく、撤去に反対するための「抵抗」にまでは至らなかったのだ。しかし、六〇年代後半になると、当時ソウル市人口の約一〇%に当たる人々を対象とした強制的な移住政策と大規模な撤去整備策が推し進められ、至る所で行政との摩擦が生じるようになった。一九七一年に起こった「廣州《クァンジュ》大団地事件」[1]はそれを象徴的に物語る代表的な事件となった。その後七〇年代に入るとこれまでの政策から方向転換し、新規の無許可居住地は規制するが、政府によって誘導された不良住宅地は活性化するとともに、オン―サイトの改良事業が行われるようになる。その過程で後述する「ボグンジャリ」事業が始まることとなった。一方、一九八〇年代にはこれまでの撤去や移住政策とは異なる、行政と地主家主・ディベロッパーが手を組んだ「合同再開発事業」がスタートした。その過程で住民(特にテナント=間借り)の対応もより組織的なものとなり、運動の性格も既存のような抵抗・反対型から「居住の権利」に基づいた要求型運動へと質的な転換を見せることになる[2]。

貧困コミュニティの組織化は、一九六八年九月に設立された「都市問題研究所」[3]を中心に、当時の板子村《パンザチョン》や川岸の不良居住地等の貧困コミュニティを中心とした本格的なプログラムが実施されたことから始まった。当時「都市問題研究所」ではそれらの地域でCOとコミュニティ開発に当たる活動家(=オーガナイザー)を養成するための実践型研修プログラム(アクション・トレーニング・プログラム）を実施していた[4]。このトレーニングを通じて多くのオーガナイザーがソウル市や郊外のほとんどの貧困コミュニティに派遣され、ＣＯに取り組むこととなったのである。同研究所内の都市宣教委員会が主催する最初の公式的なアクション・トレーニング・プログラムは一九六九年一月に始まった。訓練生は二人が一チームとなりそれぞれ異なるスラム地域に配置された。かくして地域に配置された訓練生が最初に着手したのは、地域の周辺環境を調査し社会的条件を把握することであった。また住民と接触する過程で訓練生たちは住民が最も必要とするニーズを把握することができた。以下、当時ソウル市内の昌信洞《チャンシンドン》にあるスラム地域で訓練を受けていたグループの例を紹介しよう。

「他の地域と同じく昌信洞でも糞尿とごみの処理問題が最も深刻でした。訓練生らはこの問題を処理するため単純ではありますが最も独創的な戦術を考案しました。この問題の解決に向けた過程で私は既存の地域発展協議会が存在するのを知りました。私は協会の代表を訪問し、彼らに地域社会の改善のため区役所に行き、糞尿とごみ問題に対する協力を要請するよう勧めました。効果的な協力を得るための戦術として私は、代表に住民がデモを起こして糞尿とごみを投げかけるかもしれないと役員に暗に伝えるよう言いました。代表は役所の役員にそのことを伝えたようです。その後役所は懸命になってごみと糞尿を片づけました。訓練生らは、糞尿・ごみ問題という比較的簡単で分かりやすい問題をまず解決することを通じて住民の信頼を得ることができ、自信をつけることができました。その次に訓練生は立ち退き問題に取り掛かりました。」[5]

その後COは一九七〇年代の軍事政権による弾圧の下、「首都圏都市宣教委員会(Seoul Metropolitan Community Organization, SMCO)」、「韓国特殊地域宣教委員会（Korea Mission for Community Organization, KMCO)」へと名称を変えながら活動を続けていたが一九七九年

より詳しい内容は、韓国住民運動情報教育院（CONET）へ
URL : http://www.conet.or.kr/
連絡先：ソウル市鐘路区梨花洞91-6　韓国貧民運動会館　韓国住民運動情報教育院
Tel：+82-2-766-9051　Fax:：+82-2-747-9058　E-mail: conet@chol.com

年表

1969年　都市問題研究所住民組織活動家トレーニング
1971年　首都圏都市宣教委員会住民組織運動
1981年　韓国協会社会宣教協議会住民組織トレーニング
1996年　第1期基礎活動家トレーニングプログラム（韓国都市研究所と共同主催）
1997年　住民リーダー・住民組織家フィリピンスラム地域研修
1998年以降　毎年住民組織家（CO）及び住民リーダートレーニング実施
2004年4月　現在の韓国貧民運動会館（鐘路区梨花洞）入居
2006年11月　住民運動情報教育院10周年記念行事
2009年　『CO教育学：住民の可能性を見る目』刊行
2010年　『CO方法論：住民運動の力、組織化』刊行
2011年11月　韓国住民（貧民）運動40周年記念ワークショップ開催

に解体することになる。軍事政権の下で自由な活動を獲得するまでには至らなかったがこれらの活動による影響は大きい。政治的な弾圧を避けながらも住民のニーズに基づいた活動（住民医療生活協同組合の設立）を展開するなど、本格的な居住福祉実践戦略の推進に向けた最初の踏み台となったのである。

注

1　一九六七年、ソウル市は当時二三万三千棟の無許可住宅と約一二七万人の住民をソウル市郊外へ強制移住させる計画を打ち出し、一九六九年からこれを実行し、一九七一年には移住地であった廣州郡（現在の京畿《キョンギ》道城南《ソンナム》市）に計画された「廣州大団地」の人口が一気に二〇万人に達した。移住当初、上下水道や電気はもちろん宅地さえも整備されておらず、住民の生計手段も何一つ整っていない状態で、住民の生活は悲惨なものであった。一方、他より高く設定された土地の分譲価額や住宅取得税の課税により住民の負担は加重された。しかし、住民からの苦情には何の回答も得られず、住民は「闘争委員会」を組織し、七一年八月、およそ五万人が結集し集会を開いた。ところが、最後までソウル市長は面会申し入れに応じず、激憤した住民は警察署を襲撃する。その後市長が住民の要求条件を受け入れることを約束し事態は収まった。この事件で住民と警察一〇〇人が負傷し、住民二二人が拘束された。これは初めて都市貧民問題が大きく社会問題として取り上げられる事件となった（韓国都市研究所、一九九八）。

2　一九八〇年代後半になるとそれまでの非組織的で単発的な抗議にとどまっていたテナントの居住権要求運動が組織的な形で現れるようになる。とりわけ、一九八七年の「ソウル市撤去民協議会」が組織されたことは、その象徴的な意味を表しており、その時期を結節点としてそれまでの撤去「反対」運動から居住権を「要求」する運動へと運動が質的に転換した。その後一九八八年からは、公共賃貸住宅に対する本格的な要求へと結集され、その結果一九八九年にソウル市が事業地域のテナントの人々へ公共賃貸住宅を事業地区に建設するよう方針を変えるに至ったのである。

3　当研究所で都市宣教を担当していた朴ヒョンギュ牧師は当時を振り返りながら次のように述べている。「一九六八年にアメリカの連合長老教会のジョージ・タッド（George Todd）が私を訪れ都市宣教に対する支援を約束した。彼はそれ以前よりジョージ・ソン牧師の産業宣教をサポートしていた。彼は超教派的な(ecumenical)組織が望ましいと述べた。それでカトリック教会とキリスト教会が連携し資金一〇万ドルとトレーニング担当者を派遣してもらい延世大学校内に都市問題研究所を設立した。研究所は研究調査分野と都市宣教（urban mission）分野に分けられた。研究所長にはノ・ジョンヒョン教授、副所長兼トレーニング担当者にはアメリカのハーバート・ファイト（Herbert White）牧師が就任した。」(韓国基督教社会問題研究院編、一九八七)

4　一方、このようなＣＯの展開は韓国だけでなくアジアに渡り、様々なＣＯの理念に基づいたトレーニング・プログラムの実施や組織の形成へと繋がった。例えばフィリピンでは、一九七〇年にファイト牧師によりＣＯトレーニングのセンターとしてＰＥＣＣＯ（Philippine Ecumenical Committee for Community Organizers）が設立された。ファイト牧師は一九六八年から一九七〇年まで韓国の「都市問題研究所」のトレーニング担当者として韓国に派遣され、ソール・アリンスキーのＣＯ論に基づきコミュニティ・オーガナイザーをトレーニングした後フィリピンに渡った。その後アジアにおけるＣＯは一九七一年に各国のＣＯの連帯組織としてＡＣＰＯ（Asian Committee for People's Organization）の設立（初代委員長、Dr. Masao Takenaka, 元同志社大学教授）へと至る。ＡＣＰＯのメンバー組織は、フィリピンのＺＯＴＯ（Zone One Tondo Organization, 1970）、香港のＳＯＣＯ（Society of Community Organizations, 1971）、インドのＰＲＯＵＤ（People's Responsible Organization of United Dharavi, 1979）、タイのＰＯＰ（People's Organization for Participation, 1985）等がある（Anzorena, 1994, 2004）。その後ＡＣＰＯは解体したが、ＣＯ理念の発展的な継承を掲げ、アジアの連帯組織としてＬＯＣＯＡ（Leaders and Organizers of Community Organization, 本部はフィリピンケソン市）が設立された。現在のＣＯのトレーニング組織としてはフィリピンのCO-Multiversity（旧、CO-Train）、韓国のＣＯＮＥＴ（Korean Community Organization Information Network, 後述参照）等が挙げられる。

5　韓国基督教社会問題研究院編（一九八七：一八－二〇）

二、居住福祉政策の最前線—民間ストック活用型複合的居住支援の展開

前章で述べたように、貧困住民の不良住宅地に対する住民と開発推進勢力とのせめぎあいの中で、居住の権利を主張してきた貧困コミュニティの長い努力が結実したのが公共賃貸住宅制度[1]であった。貧困コミュニティは、初期の単発的な撤去反対に始まり、安定的な居住生活の基盤として居住の権利＝公共賃貸住宅への入居を公に掲げながらたたかってきた。その成果として現在様々な形の公共賃貸住宅の建設、または買上げ等の方法により、住居が低所得層や居住困窮層に行き渡るようになったのである。その制度のすべては紙幅の関係で割愛せざるを得ないが[2]、一つだけ買上《メイップ》・傳貰《ジョンセ》（＝借上げ）賃貸住宅制度について紹介しよう。買上・傳貰賃貸住宅とは、既存

の建設供給型の公共賃貸住宅とは異なり、既成市街地にある民間の住宅ストックを活用し、ホームレスやバラック居住者など住まいに困難を抱いている人々に居住福祉政策の一環として供給する、民間ストック活用型の公共賃貸住宅である。韓国ではその他にも様々なタイプの公共賃貸住宅が供給されているが、制度内容、住宅供給及び管理全般等に関しては別の機会に譲りたい。

既存の公共賃貸住宅が大規模団地型に偏った供給手法であったのに対し、「買上賃貸住宅」と「傳貰賃貸住宅」は、入居者の居住ニーズにマッチングするよう小規模で供給される賃貸住宅である。その特徴として、まず職と住を近接させるために主として都心にて供給される点が挙げられる。また、貧困層や障がい者などの居住困窮層を支援対象としており、住宅と福祉との連携という視点に立って事業が実施されている点は特記すべきである。

事業の推進背景には、盧武鉉《ノムヒョン》政府によって打ち出された「居住福祉支援ロードマップ」がある。盧武鉉政府は発足当時より所得不平等よりも住宅資産の不平等が深刻な問題であると指摘していた。そして低所得層の居住不安定による格差の拡大が社会統合と経済発展の阻害要因であるとし、低所得層のための居住福祉支援策を打ち出した。なお、「住宅総合計画（二〇〇三〜二〇一二）」の策定を契機に、「住宅問題解決は社会全体の発展と経済成長の原動力」という認識を前面に打ち出して住宅政策のパラダイム転換を促した。つまり住宅そのものに対するアプローチだけでは居住問題の解決に限界があるため、社会政策的なアプローチが必要であると力説したのである（大統領諮問両極化・民生対策委員会、二〇〇七）。このような基本認識に基づいて持ちだされたのが**図1**である。

1　買上賃貸住宅事業

買上賃貸住宅事業は、図1のうち所得下位四〇％以下の低所得層を対象とした制度である。基本的には都心内にある民間ストック（小規模集合住宅）を買い上げ、公共賃貸住宅として供給する事業で、二〇〇四年に「国民賃貸住宅建設等に関する特別措置法」に基づき、低所得層が多く居住するソウル市の五つの自治区

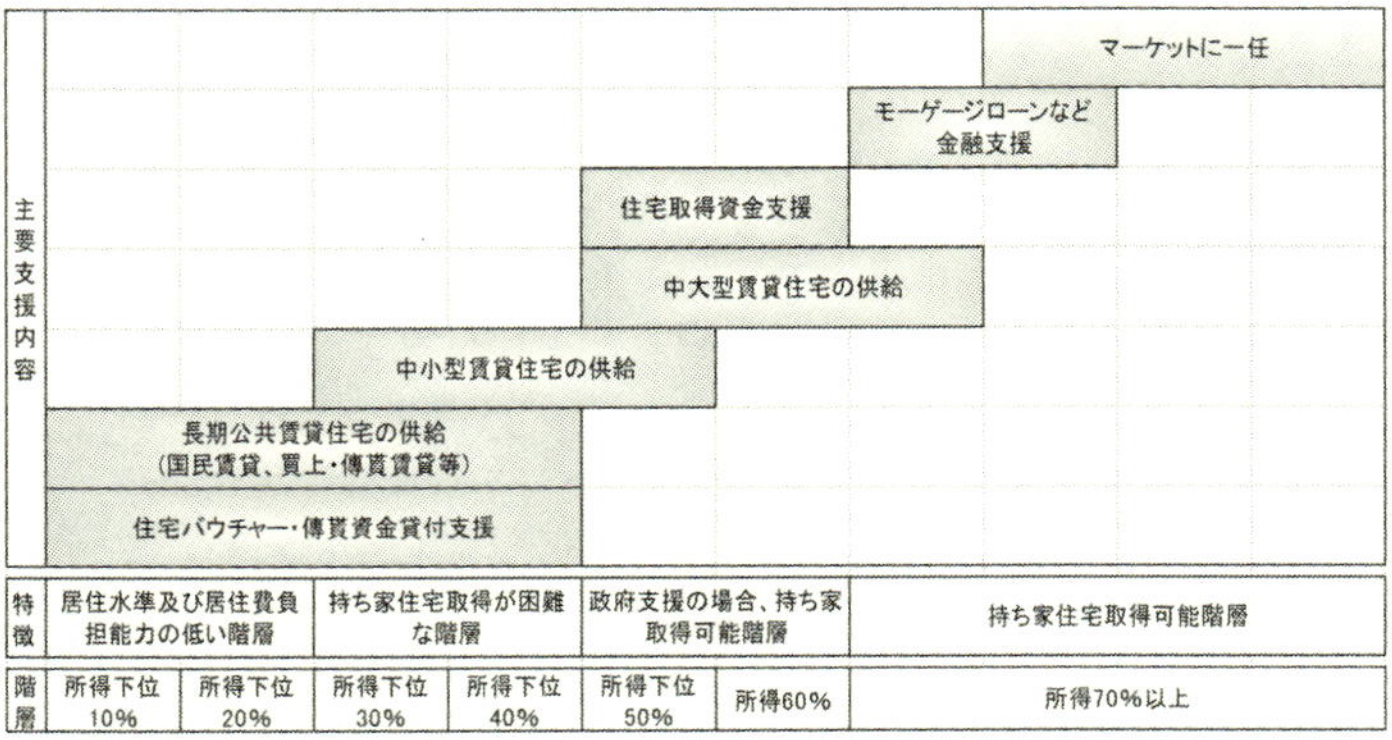

図1　2017年所得階層別に分けた居住福祉の青写真

出所：財政経済部・建設交通部・企画予算処（2007. 1. 31）、「住宅市場安定と居住福祉向上に向けた公共部門役割強化方案」を再構成

を対象に五〇〇戸のモデル事業として開始され、二〇〇五年以降は全国的に拡大された。当初は二〇〇八年までに年平均二、五〇〇戸ずつ合計一万戸を供給する計画であったが、その後計画を上方修正し二〇〇七年からは二〇一二年まで毎年六、五〇〇戸供給へと拡大された。この事業の意義として以下の点が挙げられよう。

第一に、国民賃貸住宅供給方式の多元化である。これまで主に都市郊外を中心に画一的で大規模の団地を大量に建設供給してきたのに対し、本事業は、都心に生活根拠を置いている居住困窮層もアクセスできるよう既存の民間住宅を買い上げるという、供給方式の多元化を導いた。

第二に、低所得層の集住によるスラム化への危惧を回避できる点である。公共賃貸住宅が郊外や特定地域に集中して大量に供給されることによるスラム化のおそれや、貧困層集住による生活上・居住環境上・自治体の財政負担上、そしてサービスとのミスマッチングの問題などは、これまで研究報告書やマスコミ等を通じて頻繁に指摘されてきた問題である。しかし、この事業により供給される住宅は、特定地域に集中することなく、いわゆるソーシャル・ミックスを実現するような形で既成市街地内に混じって居住することができる。そのため、居住者に対しても烙印(スティグマ)が押されることもなく、安定的な社会参加と地域定着が可能となる。

第三が、寄り添い型のサービス付き複合的な居住支援である[3]。入居対象者のニーズを考えると、単なる住宅の供給だけではとても居住安定には繋がり難い場合も多い。ここならば入居してからも持続的な社会サービスや住宅管理を支援することで、入居者の居住安定と地域定着に資することができる。それに加え、障がい者やDV被害者等に対してはグループホームのような形でも供給できるようになっている。

第四に、官民のパートナーシップによる制度運用を挙げることができる。以上のようなハードとソフトを併せ持った複合的な居住支援策を実施するため、生活サービスや住宅管理など細かな配慮や支援サービスが必要な領域に対しては民間団体からの応募を受け、その運営機関として委託するなど柔軟な制度運

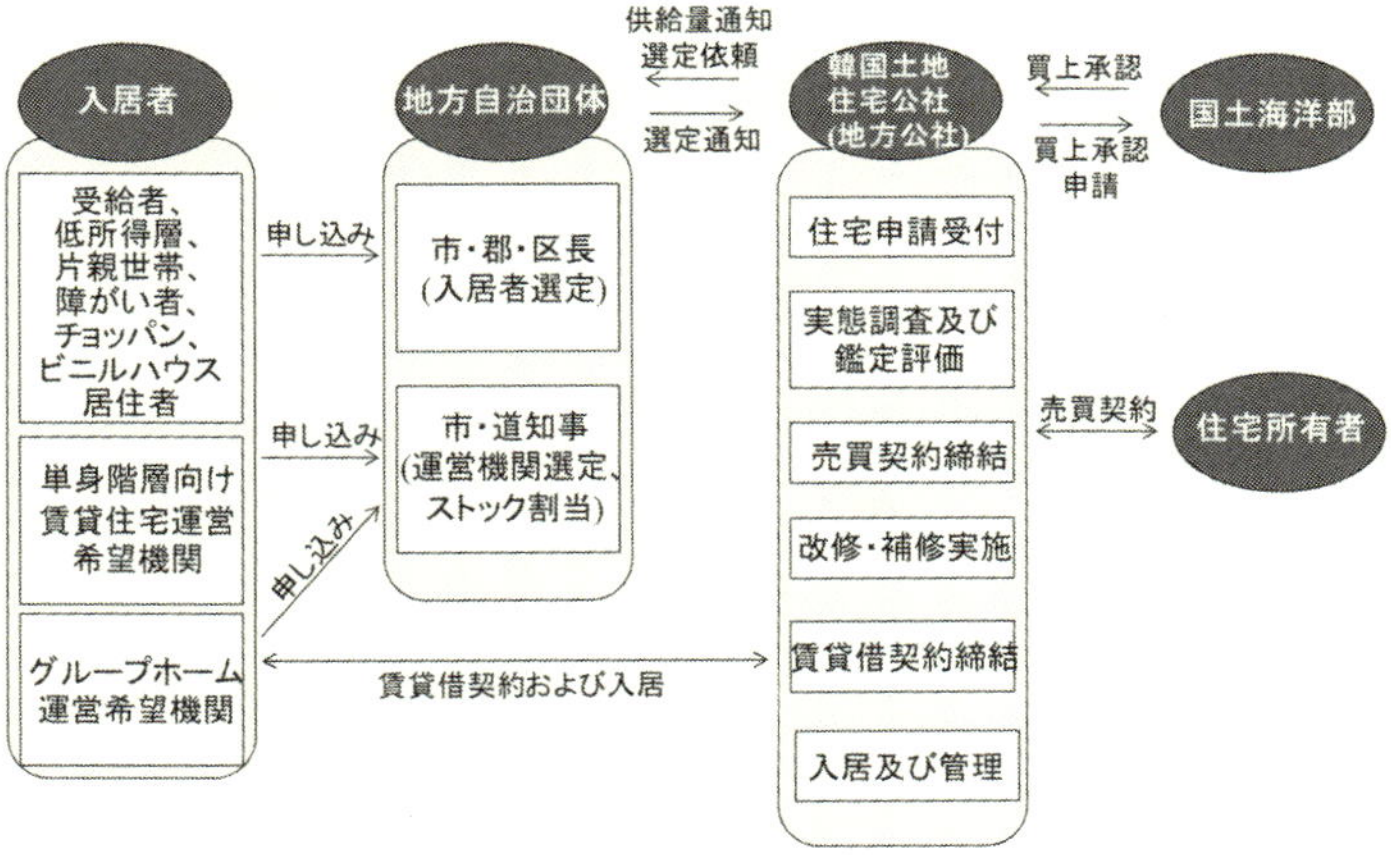

図2　既存住宅及びチョッパン（＝簡易宿泊所、韓国版ドヤ）・ビニルハウス居住者買上賃貸住宅事業の概念図

出所：『2007年居住福祉事業案内』、建設交通部（現在、国土海洋部）及び『賃貸住宅運営機関実務教材』、居住福祉財団（2008. 9）より再構成

用となっている。

第五に、長期的な居住期間の設定である。現在買上賃貸住宅での居住は最長一〇年までとなっている。したがって、中長期的な自立計画や目標設定をした上でより良い住宅への移動が可能になるよう、さらなる自立に向けた支援が行われている。

図2は、以上のような買上賃貸住宅事業の概念図を示している。図2からも分かるように、この事業の推進においては様々な関連機関の協力が必要となっている。

2 傳貰賃貸住宅事業

基本的にこの事業の支援対象と家賃水準は、前者の買上賃貸住宅事業とほぼ同じと考えてもよい。ただ、財源は前者と異なっている。つまり、前者の場合、住宅を取得しなければならないのに対し、傳貰賃貸の場合、借家の経費は国民住宅基金[4]を充当することが可能で、仲介手数料や修理費などの消耗性経費は国の負担となる。したがって、事業費の四五%まで財政が投入される前者に比べ、予算上の負担は少ないと言える。またこの事業は、住宅取得による所有権移転等の負担がないため、居住困窮層の地域的な居住ニーズにも対応できるというメリットがある。具

買上賃貸住宅の外観（筆者撮影）

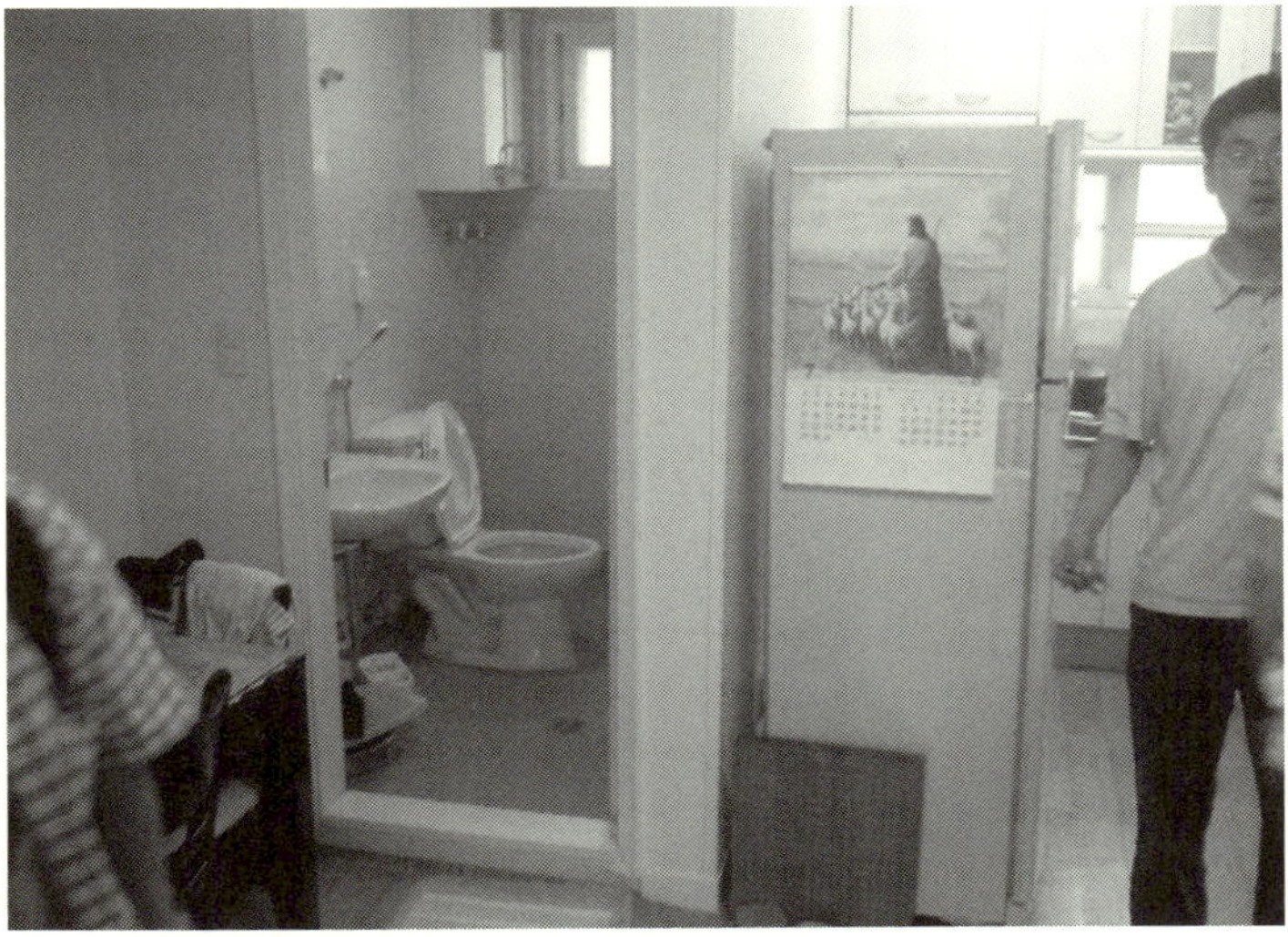

買上賃貸住宅の室内の様子（筆者撮影）

体的には、韓国土地住宅公社（ＬＨ公社）、または自治体が当該住宅に対し家主と傳貰契約を締結してから国民基礎生活保障受給者（＝生活保護受給者）など居住困窮層に対しサブリースする形をとっており、家賃は買上賃貸事業と同等水準で策定される（**図3**参照）。二〇〇五年に五〇〇戸モデル事業として実施され、二〇一二年までに毎年五、八〇〇戸ずつを供給する予定である。

3　住宅政策から包摂的な居住福祉政策へ

以上、住宅の供給だけにとどまらず、寄り添い型の支援と複合的な社会サービスの支援

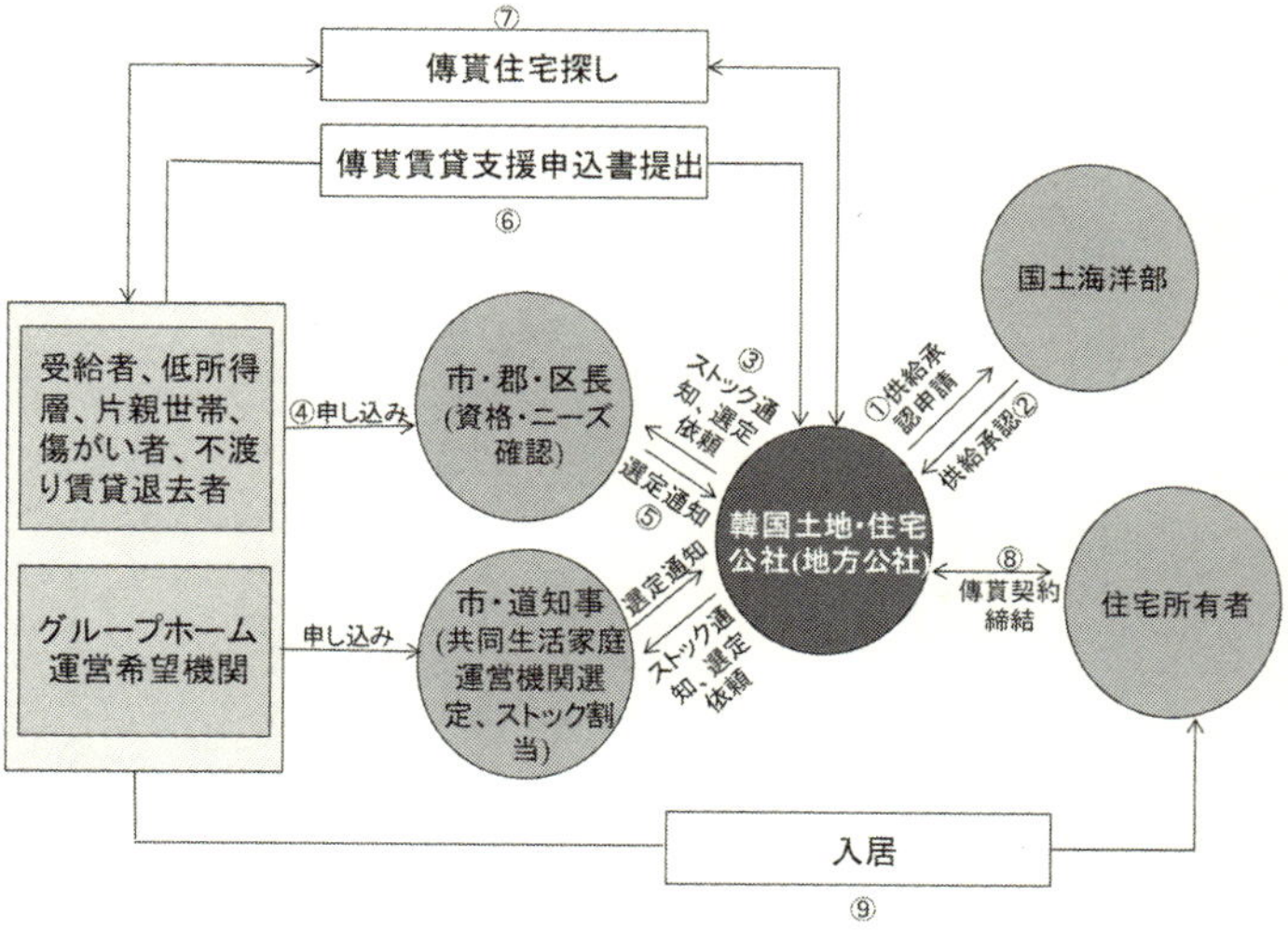

図3　既存住宅及びチョッパン・ビニルハウス居住者傳貰賃貸住宅の概念図（筆者作成）

を統合的に実施している民間ストック活用型公共賃貸住宅の概要について述べた。団地型の大量供給ではなく既成市街地に溶け込むような形で生活ができ（社会的・空間的ミックス）、様々な生活サポートや住宅管理が施される買上および傳貰賃貸住宅事業は、事業が実施されてあまり時が過ぎておらず、まだ評価できる段階にはないものの、これまで事業を受託してきた運営委託機関からはいくつか改善すべき課題も上がってきている。

まず、地域によっては若干の需要と供給のミスマッチが起こっており、地域間の偏差調整が必要とされる。なお、入居資格に関連して、稼働能力を持つ受給者の場合、自活事業への参加が前提（条件付き給付）とされているが、その参加頻度が点数化され、様々な事情で自活事業への参加が困難な世帯の入居を妨げている。また、募集情報が十分に行き渡っていない問題や、複層的な役所の窓口を経由しなければならないため申請手続きが二か月間もかかることに対する不便なども指摘されている。とりわけ、チョッパン・ビニルハウス世帯を対象とした賃貸住宅の場合、入居者選定の難しさ、入居までの待機期間及び審査期間の長期化問題も指摘されている。さらにチョッパン地域の場合、都心の、しかも交通の要衝に立地することが多く、仕事へのアクセスが便利なのだが、取得した賃貸住宅は以前の居住地域から離れている場合が多いため、既存の生活圏から離れた地域への移動に抵抗を示すチョッパンやビニルハウス居住者が多い。なお、必ずしもすべての賃貸住宅が個室型ではないため、その点で入居をためらうことが多い。

このような事業は単なるストック型の供給政策にとどまることなく、上記に指摘したような新たな問題点なども踏まえ、より包摂的な居住福祉政策の実践手段として発展的な事業展開が求められる。

注

1　公共賃貸住宅は、「賃貸住宅法」で規定されている定義が最も代表的で、大きくは、「公共建設賃貸住宅」(国家、または自治体の財源によって建設・供給される賃貸住宅で、国民住宅基金を財源として建設・賃貸される住宅、公共事業により整備された公共宅地に建設・

より詳しい内容は、居住福祉財団へ

URL : http://hwf.or.kr/

連絡先：〒156-811 ソウル市銅雀区大方洞大方住公アパート（マンション）1団地商街203号

Tel. +82-2-3447-2053 ～ 4　Fax: +82-2-3447-2058

E-mail: johripaul1@hanmail.net

居住福祉財団は、民法による非営利財団法人として国土海洋部大臣による認可を受けて設立された（2007年12月）。住宅困窮層のための賃貸住宅の運営機関の選定、入居者管理、入居者就労斡旋及び福祉サービス支援を行う。居住と社会福祉サービス支援を統合的に行うことを通じて住宅困窮層の自立と社会復帰を支援することを大きな目的に据えている。

年表

2007年12月　財団法人設立（国土海洋部）

2008年　賃貸住宅入居者福祉サービスマニュアル作成、運営機関選定（21か所）

2009年　チョッパン（＝簡易宿泊所）居住者への居住支援発展方案研究報告書配布

2010年　居住福祉政策フォーラム開催、新規運営機関（17か所）選定供給される賃貸住宅）と「長期傳貰住宅」（賃貸を目的として建設、または買い上げた住宅として二〇年の範囲内で賃貸借契約を結んで供給する賃貸住宅）とで定義されている。その他に、「ボグンジャリ住宅建設等に関する特別法」や、「長期公共賃貸住宅入居者ＱＯＬ向上支援法」の中でもそれぞれ定義されているものの、基本的には国家、または自治体の財源、そして公的な国民住宅基金を財源として供給される住宅であることに共通している。後の二つの法律は、李明博大統領執権後に作られたものである。

2　関心のある方は、全泓奎・南垣碩「韓国の居住問題と居住福祉政策」『居住福祉研究』二〇一一年五月号を参照。

3　これらの住宅の管理は、これまでホームレス支援等の経験を持つ民間支援団体が運営機関となって受託しており、その多くは管理住宅に当該団体のスタッフを入居させるなど、きめ細かな寄り添い型居住支援を実施している。後述する社団法人ナヌムと未来が運営する居住福祉センターでも管理住宅に同センターのスタッフが常住しており、住民からの評価も高い。

4　国民住宅基金の設置根拠は、「住宅法」の第六〇条に定められている。この法律は無住宅庶民の持ち家獲得を支援し、居住水準を向上させるために必要な住宅資金を支援するため一九八一年に発足した。資金は国民銀行を通じて提供されることになっており、無住宅庶民を対象とした住宅建設事業支援（分譲及び国民賃貸住宅建設事業支援）、住宅購入及び傳貰需要者資金支援（低所得層及び貧困層に対する住宅購入資金・傳貰資金融資、買上賃貸住宅資金支援）、住居環境改善事業支援（老朽・不良住宅改良事業支援、農・漁村住宅改良事業支援、多世帯・多家口住宅資金支援、リモデリング事業資金支援）、その他の法律で定められた事業を運営している。

三　居住福祉の実践

本章では、具体的な居住福祉実践に関し、だれがどのようなメニューで、どのような形で行っているのかについて紹介する。本章で紹介する五つの団体は、韓国で居住福祉実践を展開しているごく一部の団体に過ぎない。本来ならばそのすべてを紹介しながらそれぞれの特徴について述べた方が良いのだが、紙幅の制約もあり、その他の団体については機会を改めて別の企画を通して紹介することにしたい。

1　社団法人韓国都市研究所

社団法人韓国都市研究所は、一九八八年より都市貧困層の居住地域を対象に研究及び支援活動を展開してきた「都市貧民研究所」がその前身である。都市貧民研究所は、後述するボグンジャリコミュニティの再定住地確保のための土地購入資金として、海外のドナーNGOによる資金援助の一部（土地確保後の剰余金）を活用して設立された。七〇年代当時、前述の都市貧民研究所のようなCOを養成する機関の他に、都市貧民問題を専門とする研究機関がないことを惜しんだ当時のボグンジャリグループの一部が意気投合し、都市貧困問題の研究やその解決に向けた専門的な研究を行うため発足させた。その後、政策研究機能をより強化させるため「韓国空間環境研究会（現、空間環境学会）」等から都市問題・貧困問題を専門とした研究者が加わり、一九九四年一〇月に現在の韓国都市研究所（以下、KOCER）として再出発することになった。当時は独自の研究空間もなく、ソウル市内にある西江《ソガン》大学構内の地下空間を間借りした状態での活動であった。

当時の研究所組織は、理事長金炯國《キムヒョングック》ソウル大教授（当時）、所長河晟奎《ハソンギュ》韓国中央《チュンアン》大学教授の他、事務局長金秀顯《キムスヒョン》（現世宗《セゾン》大学教授）の体制であった。その下に住民運動研究室（研究室長：朴在天《パクジェチョン》（現諸廷垢《ジェジョング》記念事業会常任理事[1]）、土地住宅研究部（研究部長：所長兼任）、産業労働研究部（研究部長：

趙明来《チョミョンレ》・檀國《ダンクック》大学教授）、環境研究部（崔炳斗《チェビョンドゥ》・大邱《テグ》大学教授）が置かれ、研究活動を行った。特徴的なのは、都市問題や住宅問題の解決に向けた政策研究機能のみならず、現場支援機能に重点を置いていた点である。

ＫＯＣＥＲは、その設立目的からも明らかであるように、「都市が抱える問題を科学的に分析し、それを解決するための合理的な政策提言を行うとともに、市民が主体となる都市社会運動を模索しようとする純粋な民間研究機関（非営利社団法人）」なのである。政府の政治的意図や大手企業の利益を代弁するようなコンサルタント的な機能ではなく、「市民が主体」となる「都市社会運動」を導いていくシンクタンクとしての存在意義を持っている。設立以降、毎年その目的に相応しい基本研究及び外部からの委託研究を行っており、地域住民運動等関連分野で活動している社会運動団体とも連携し、現場支援に関わる様々な分野に対して支援を行ってきた。

研究活動としては居住福祉や社会的企業、社会福祉等に関連した様々な研究報告書を刊行している。その他にも一般市民や現場の活動家を対象に隔月で『都市と貧困』（現在は、Ｅジャーナルとして発信）を、学術紙『都市研究』（現在は休止）を刊行してきた。

また、世界各国の民間団体及び関連機関と連携した国際交流も活発に行っている。タイのバンコクに本部を置く居住の権利のためのアジア連合（ACHR, Asian Coalition for Housing Rights）韓国委

より詳しい内容は、社団法人韓国都市研究所（KOCER, Korea Center for City and Environment Research）へ
URL : http://www.kocer.re.kr/
連絡先：〒110-061ソウル市新門路1街238新門路ビルディング1006号
Tel. +82-2-738-4292～4　Fax:：+82-2-738-4295　E-mail: kocer@chollian.net

年表

1994年　社団法人設立、開所記念シンポジウム（地方自治時代の都市生活環境）開催以降毎年定例シンポジウムを開催
1995年　ACHR主催国際ワークショップ参加。
1996年　Habitat II（イスタンブール）参加及びHabitat地域化のための住民運動政策ワークショップ共同開催
1998年　ホームレス問題関連研究及び支援活動実施、まちづくり住民学校開催、ACHR日本委員会との交流。居住基本法立法推進活動展開
1999年　フィリピン住民組織調査、ソウル地域チョッパン調査実施、研究所を韓国基督教連合会館に移転、韓日住民運動交流会実施
2000年　研究所ホームページ・オープン、ACHR-URCワークショップ参加（パキスタン、カラチ）
2001年　ホームレス東アジア交流参加（東京、名古屋、大阪、香港）、現在の光化門事務所に移転
2002年　非営利民間団体登録（ソウル市）、永久賃貸住宅（＝公共住宅）実態調査実施
2003年　最低居住基準法制化運動参加、日韓ホームレス交流会参加
賃貸住宅法改定のための市民社会団体意見申し入れ書提出
2004年　10周年記念政策討論会（韓国都市研究所回顧と展望）開催
2005年　永久賃貸団地住民のエンパワーメントのための住民組織化事業評価参加
2008年　大阪市立大学都市研究プラザとの国際シンポジウム共催
2009年　大阪市立大学都市研究プラザと学術交流協定締結（都市研究プラザソウルサブセンター設置）、大阪市立大学都市研究プラザとシンポジウム（貧困と都市再生）共催
2011年　全国ホームレス実態調査実施（韓国政府保健福祉部委託）

員会の事務所も兼ねている。現在韓国都市研究所の目指している方向は、都市貧困層を始め、全ての都市市民のＱＯＬの向上に向けた実践的な研究を行うことである。その過程で市民が単に政策の消費者にとどまらず、政策の生産者にもなることができるよう支援していくことも重要な目標として設定している。

2　居住福祉協会

これまでに長い歴史を持つ貧困地域での支援活動の経験から、いくつか先進的な支援活動モデルが生まれている。その中でも住民の手持ちの技術を生かし、生産的な資産形成に繋げるよう協同労働方式で支援する労働者生産協同組合活動は、その後、既存の生活保護法に代わり二〇〇〇年に制定された「国民基礎生活保障法」の大きな柱の一つである自活勤労プログラムの中に組込まれることになった。自活勤労プログラムは、貧困層の中でいわゆる稼働能力のある人々が勤労活動に参加することを通じて給付が受けられる（条件付き受給者、自活給付）プログラムである。勤労活動の初期段階から介入し参加者をサポートしていくための自立支援組織として、全国的に「自活後見機関（二〇〇七年より地域自活センターに名称変更）」が設置された。この「地域自活センター」は、自活勤労事業の実施、自活勤労プログラム参加者による自活共同体の創業支援、就労斡旋や技術研修、経営指導、自立関連情報の提供及び生活相談等、様々な形できめの細かい支援を行い、貧困層の自立支援における重要な役割を果たしている。なお、これまで貧困地域や住民のために古くから活動を行ってきた多くの民間支援団体が、同センターの運営母体として国の委託を受けている。

自活勤労プログラムの参加者は共同で働く場合が多く、仕事の内容は生ゴミの収集と飼料化、清掃、洗濯業、老朽家屋の改修事業等が多い。しかし、自活プログラムに参加した人々によって構成される組織である「自活共同体」は、同センターから五年間の支援が受けられるが、その期間が過ぎると独立し、これまでのような保護されたマーケット（=sheltered market）ではなく競争市場にて自活していかなければならない仕組みとなっている。もちろん独立してからも一定程度同センターとは関係を保ち各種相談を利用することもできるが、基本的（組織的・経営的）には独立することが求められる。ただ、中には独立後各種会社として企業活動に励んでいる場合も多い。その一部は二〇〇七年に制定された「社会的企業育成法」[2]の成立後、低所得層の仕事創出やビジネスの手法を用いて社会問題に取り組む「社会的企業（ソーシャルエンタプライズ）」として活躍している場合もある（後述するナヌムハウジング等）。

では、このような制度システムの中で生まれ、後ほど居住福祉協会のネットワークとして活躍している自活居住福祉事業について紹介しよう。

自活プログラムが始まり、その中の一つの領域として低所得層の老朽家屋の修理等を担当する自活住宅改修事業団（現在、居住福祉事業団）が活動を始めた。その後、保健福祉部は二〇〇一年後半に全国的に自活事業を拡散させるため住宅改修、看病、清掃、家電リサイクル、生ごみリサイクルを五大標準化事業と指定し、二〇〇二年より重点管理を実施した。この重点管理により、同年後半より本格的に実施されることになった住居現物給付[3]を行う住宅改修事業が、住宅改修分野における自活事業の成長を促す決定的な契機となった。住居現物給付住宅改修事業によって比較的安定した受注を得ることが可能になり、同センターの下で活動する自活共同体は五年後に独立する基盤を築くことができた。また事業団も十分な事業費を確保できたため、安定的な事業推進が可能になったのである。二〇〇七年には事業団及び共同体が所属していた自活後見機関が「地域自活センターへ」と変わった。その後、二〇一〇年には住宅改修事業団も「居住福祉事業団」へと名称が変わり、住居現物給付を実施する住宅改修事業を中心に、低所得層の住宅エネルギー効率改善事業、農漁村障がい者住宅改良事業、アスベスト撤去事業、地方自治体による発注事業、一般工事の受注等を各共同体と事業団の状況に合わせて実施している。

出所：居住福祉協会ホームページ
http://www.khowa.or.kr/

低所得層や障がい者など社会的弱者への
居住支援事業を行っている様子

さて、そのような事業の展開に相まって成長し始めた住宅改修関連の自活共同体は、居住福祉専門の団体として着々と成長していくことになる。まず、二〇〇五年二月には任意団体として「住宅改修自活共同体連帯」が組織された。二〇〇七年一二月には同連帯が韓国の共同募金会による助成事業に採択され、居住福祉センター[4]を仁川市に開設する。その後、二〇〇八年には「株式会社韓国エネルギー福祉センター」を設立した。地域自活センターに始まる同連帯の会員団体は全国で八四団体を数え、各会員団体の平均雇用者数は約三、四名となっている。

このような成長要因の背景として挙げられるのは一九八〇年代からの労働者組合を始めとする協同組合への関心の高まりである。実際に自活プログラムから成長した「自活共同体」は協同組合方式で運用され、出資金の高低に関係なく一人一票制で事業方針が決まる仕組みとなっている。もちろん収益の一部は社会還元ということで公共の利益のためにも充てられるが、その他については配当が行われ、一部はメンバーのために積み立てられる。全国にある自活プログラム関連団体の中で住宅改修業関連では自活共同体の前段階の組織が一三九、自活共同体に移行した組織が一九九ある。全国に二四七ある地域自活センターを通じて行われている自活プログラムによる仕事の内容は、清掃(学校等公共施設)、看病、リサイクル(衣類・家電・PC等)、営農等であり、そのうち共同体に移行した組織は一,八〇〇に上る。ここで働くための職業訓練等は地域自活センターですべて対応するのではなく、関連団体との連携の下で行われる。

働き手の平均年齢は四〇代で比較的若いと言えるが、自活プログラム参加から自活共同体のステップまで上っていくと、その次は完全なる競争市場の中で生き残らなければならないという厳しい現実が待っており、一定程度労働能力のある人が対象になることが多いようである。一方、このような支援を展開する地域自活センターの職員は、民間支援団体の出身か社会福祉士資格を持った専門人材で構成される。

しかし、同センターの職員が逢着する問題として、同センターでの仕事の内容が既存の社会福祉事業の枠組みをはるかに超えているという点が挙げられる。例えば、既存の社会福祉事業のメニューにはない仕事づくりや販路開拓、組織経営などはすべて初めての仕事であったという。法制度が確立して以降、同センターはすべてを手探りの状態から創り上げてきた。そもそも経済危機当時政権についた金大中大統領が既存の福祉(生活保護)に代わって打ち出したのがいわゆる「生産的福祉」概念で、それを具現するための実行機関として位置付けられたのが「自活後見機関(地域自活センター)」だった。それに伴い、地域自活センターで働くスタッフは、「生産的福祉」の担い手として、既存のアプローチではなく、「福祉」に「開発」を接合させるという新しい役割を突き付けられたのである。

冒頭で述べたように同センターのスタッフは、労働現場や貧困地域の支援の経験を持っている民間団体のスタッフや、学生運動の経験を基に社会福祉士となった人々が多い。彼ら・彼女らは、目の前にある課題を貧困層住民の支援と協同社会の実現という大きな課題に置き換え、積極的に活動に取り組んできた。そのような意味で同センターのスタッフ（社会福祉士）こそ新たなワーカーの人材像（＝コミュニティワーカー）と見なすべきであり、彼ら・彼女らの経験を基に貧困住民に対する福祉課題を開発（生産的福祉）アプローチから取り組むことの重要性をさらに認識すべきと考える。

一方、住宅改修自活共同体連帯は、二〇〇九年四月に国土海洋部による社団法人設立認可を得て「社団法人居住福祉協会」として再出発する。その後、二〇一〇年には同協会の傘下に「株式会社ウェールハウジング」[5]を設立し、同年一一月には全国の自活居住福祉事業団・共同体の実態調査を行った。さらに事業展開を進め、翌年には実態調査に基づき国会で政策討論会を開催するとともに、企業のCSR事業による支援を受けて低所得層向けの住宅エネルギー効率化事業を推進し、「エネルギー福祉

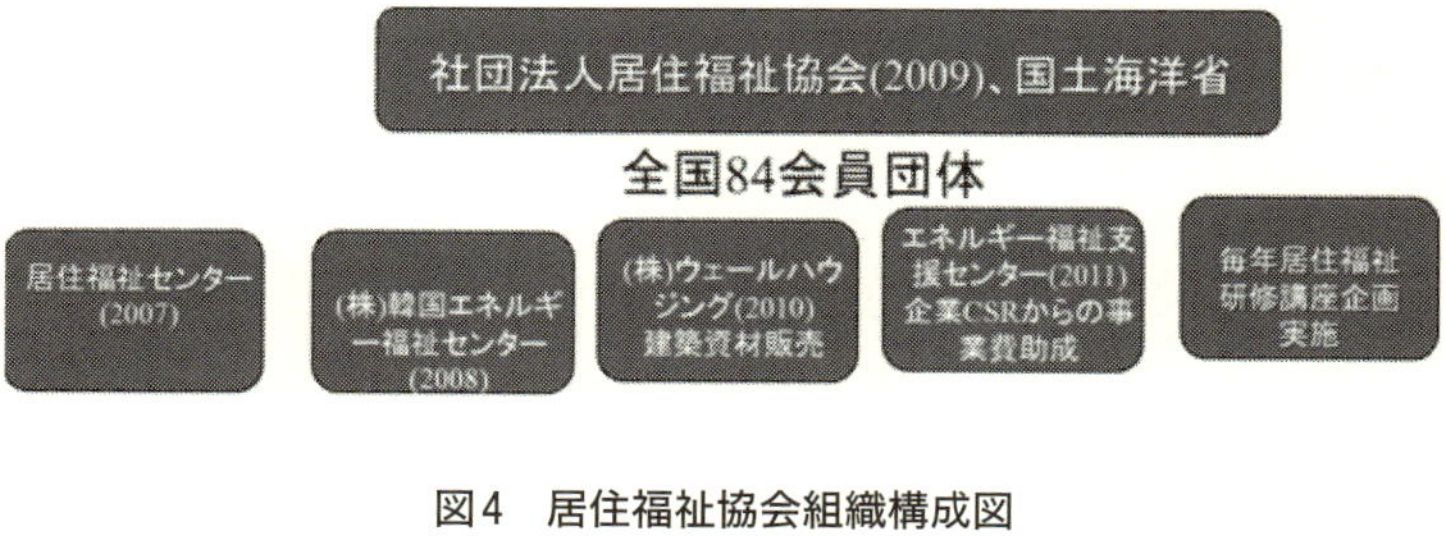

図4　居住福祉協会組織構成図

支援センター」を設立・運営している。

同協会の事業規模を見ると、まず保健福祉部や国土海洋部関連の住居現物給付関連事業が年間三〇〇億ウォン規模、上記CSR関連支援事業による低所得層住宅改修事業が二〇一一年だけで三〇億ウォン規模の受注を受けている。同協会の会員団体も年間平均三億ウォンの売上げを上げており、八四会員団体の合計事業売上げは二〇〇～三〇〇億ウォンに上るという[6]。協会だけの年間事業予算規模は約一〇億ウォンに達している[7]。

同協会は、二〇〇五年の自活共同体連帯から始まりわずか五～六年間で以上のような事業展開を見せており、その成長ぶりは驚くばかりである。

現在、上記の他に行っている事業として、政府関連の補助事業や、民間企業からの支援を受けた低

低所得層居住住宅のエネルギー効率化向上のための技術研修の様子
出所：同協会ホームページ http://www.khowa.or.kr/

技術研修コース終了の様子と現場での技術研修の様子
出所：同協会ホームページ http://www.khowa.or.kr/

所得層の住宅改良、社会福祉関連施設の改修支援事業等が挙げられる。

なお、住宅関連相談事業も展開しており、将来には地域における社会的経済に基づいたオルターナティブ企業連合を創り上げ、各々の会員団体が地域における居住福祉実践の拠点として展開できるよう支援していきたいと抱負を述べている。また教育研修センターを併設し、会員団体の技術研修を始め居住福祉概念や

社会的起業家学校「居住福祉実践課程」での居住福祉関連講座修了時の様子
出所：同協会ホームページ http://www.khowa.or.kr/

より詳しい内容は、社団法人居住福祉協会へ
〒156-811　ソウル市銅雀区大方洞大方住公アパート（マンション）1団地商街106号
Tel. +-82-2-325-4521　Fax. +82-2-322-4530
ホームページ http://www.khowa.or.kr/

実践の拡散に資することを目指している。

3　城北《ソンブク》居住福祉センター

「城北居住福祉センター」は、「社団法人ナヌム（＝分かち合い）と未来《ミレ》」が運営している。ナヌムと未来の前身である「朝《アチム》を《ル》拓《ヨヌン》く家《ジップ》」は、一九九八年にホームレスの人々の炊き出しを行うための施設として設置され、同年春からソウル駅近所の西小門《ソソムン》公園にて活動を始めた。一九九八年といえば、前年のアジア通貨危機に端を発する経済危機により、韓国社会が大きな困難に直面していた時であった。その後、一九九九年一月には城北区《ソンブク》普門洞《ボムンドン》にて同じ名称で、ホームレスの人々のためのシェルターも開設した。当時「全国失職野宿者宗教市民団体協議会（略称、

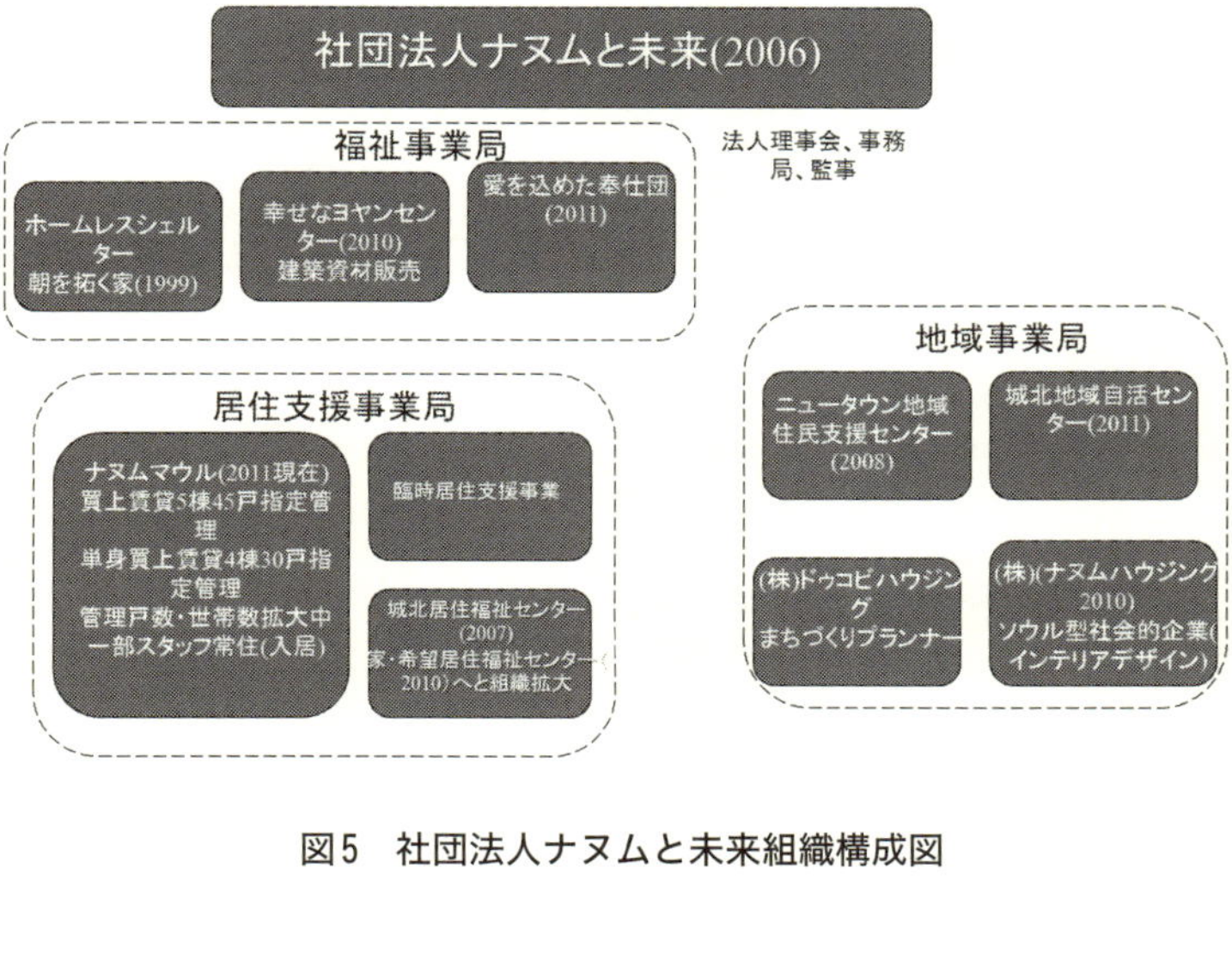

図5　社団法人ナヌムと未来組織構成図

「(社) ナヌムと未来」の入り口に掲げられている看板(傘下団体が並べられている。上から「(社) ナヌムと未来」、「幸せなヨヤン(介護)センター」、「居住福祉センター」、「社会的企業ナヌムハウジング」、「平地教会」)
(筆者撮影)

「全失露協」の初代委員長であったナヌムと未来の理事長、宋炅用（ソンギョンヨン）聖公会神父は、奉天洞（ポンチョンドン）にある聖公会関連の地域拠点施設「ナヌムの家」の司祭として在職し、南喆寬《ナムチョルグァン》現事務局長とともに一九九八年に銅雀《ドンジャク》区内に家族ホームレス向けのシェルター、「サルリムト（＝暮らしの場）」を開設した。「社団法人ナヌムと未来」は、これに経済危機以降ホームレスの人々の自立と居住支援に関心を持ち支援活動に関わっていた支援者らが加わり、「居住福祉」をメインテーマに掲げて本格的な居住福祉実践を模索し始めた。その後、二〇〇六年七月にソウル市より社団法人設立認可を得て、より本格的な活動を展開している。

ナヌムと未来は、設立後すぐ居住困窮層の住まいの問題を解決するため二つの中核的な事業を展開した。一つは、民間の住宅ストックを買い上げて住宅困窮層の居住安定のために供給する買上賃貸住宅の管理運営事業である。ナヌムと未来は、当事業の運営機関の公募に応募し、これまでの活動実績が認められ運営機関として正式に指定を受けた。制度開始当初は、現在のようにチョッパン（簡易宿泊所）や、ビニルハウスのようなバラック居住者までは入居対象として包摂されておらず、あくまでも単身生活者向けのパイロットプロジェクトとして実施されていた。ナヌムと未来は、いち早くこの事業の重要性に気付き、同事業の運営委託機関として指定されるための準備に取り組んでいたのである。

ナヌムと未来は二〇一一年現在、城北区及び冠岳区内の買上賃貸住宅合計五棟四五戸の管理運営を担当しており、そこには元ホームレスを含む合計四〇世帯が入居し、安定した生活を取り戻している。国の制度が「単身者向け買上賃貸住宅事業」からチョッパン等も対象に入れた事業へと変わり、制度の対象階層がさらに拡大されてからも同事業の運営機関として指定を受け、同事業と関連しては現在城北区貞陵《ジョンヌン》洞に四棟三〇戸を管理運営しており、そこでは一五世帯が生活している。ナヌムと未来は、両事業による買上賃貸住宅及び居住者のコミュニティを合わせて「ナヌムマウル」と呼んでいる。

城北居住福祉センターの相談チーム長である鄭薫喜《チョンフンヒ》氏（日本の大学で社会福祉を学び、卒業後に韓国に戻り社会福祉現場を経て、現在同センターの中心的な役割を果たしている）。写真の背景は、ナヌムと未来の事務室（筆者撮影）

「ナヌム」とは「分かち合い」を意味する韓国語表現である。これまで様々な困難を乗り越えてきた人々が国による居住福祉事業として供給された買上賃貸住宅に入居し、ナヌムと未来によるきめ細かい生活サポートを受けながら居住福祉コミュニティを再び築き始めている。

同団体が取り組んでいるもう一つの重点事業が、社会福祉共同募金会による助成を受けて設立した「城北居住福祉センター」である。

二〇〇六年末に社会福祉共同募金会による助成を受けて設立した「城北居住福祉センター」は、二〇〇七年より「城北ナヌムの家」、「城北地域自活支援センター」等との協力・連携に基づいて開所した。城北居住福祉センターは、比較的低所得層が多く居住する劣悪居住地に立地する老朽住宅や、地下空間を居住用に転用した地下住居、屋根部屋[8]等に暮らしながら困窮状態にいる居住困窮層に対し、家賃補助や転居のための保証金の小額貸付、そして公共賃貸住宅への入居相談等の支援活動を行っている。そして二〇一〇年には城北区及び東大門区《ドンデムン》までを包括する「家・希望居住福祉センター」へと組織を拡大・再編し活動を続けている。

もう一つ特記すべき点として、ナヌムと未来は、二〇〇八年からニュータウン・再開発事業により立ち退きや生活崩壊等、困難な状況に置かれている住民のために相談事業や関連講座の実施を通した研修事業を始め、さらに住民組織支援のための「ニュータウン地域住民支援センター」

を設立したことが挙げられる。前ソウル市長の就任とともに景気活性化の一環として飛び火のように広がっていった、既成市街地の住宅地を再開発する都心ニュータウン事業や都市再開発事業による弊害は、とうとう二〇〇九年一月二二日に龍山《ヨンサン》事件という大惨事を引き起こした。ソウル都心からも近い一号線龍山駅、四号線新龍山駅近くの商業ビルの再開発問題は、対話ではなく行政大執行という強引な手法が打ち出されたことで住民の怒りが爆発し、当時日本でも大きく報道される大惨事となった。[9] 尊い命までも奪われてしまったこの事件は、資本創出という名目の下で進められた度を過ぎた開発が、どのように住民の居住と生

公共賃貸住宅への入居に関する説明会を行っている様子
出所：社団法人ナヌムと未来より提供

株式会社ドゥコビ（ガマ）ハウジングが低所得層の住宅改修事業を行っている様子
出所：ナヌムと未来ホームページ http://www.yesnanum.org/

株式会社ドゥコビ（ガマ）ハウジングが低所得層住宅のエネルギー診断を行っている様子。熱効率を点検し改善方向について提言や改修を行う
出所：ナヌムと未来ホームページ http://www.yesnanum.org/

活の基盤を蝕んでいくのかを如実に露わにした代表的な出来事となった。「ニュータウン住民支援センター」は、二度とこのような失敗を繰り返さないよう、毎年ニュータウン・再開発市民学校の開催を始め、地域別の住民説明会から日常的な相談、住民組織支援事業等を活発に行っている。そのような活動の延長で、ソウル市内の基礎自治団体である恩平《ウンピョン》区との官民パートナーシップの一環として「株式会社ドゥコビ（＝ガマ）ハウジング[10]」を設立し、恩平区内における開発事業のオルターナティブを模索し事業を展開している。さらに二〇〇九年からは環境団体「緑色社会研究所」、「社団法人韓国都市研究所」（前述参照）、「人権運動サランバン」と協力し、城北区三仙洞《サンソンドン》の「ジャンスマウル」という地域コミュニティにて住民とともにコミュニティ企業を設立し、開発のオルターナティブに向けたまちづくり活動を推進している。今後はまちづくり事業のさらなる発展のため「まちづくり支援センター」を設立する計画も構想中である。

その他にナヌムと未来が取り組んでいる事業についていくつか事業内容の概要を紹介しよう。

①住宅改修を専門とする社会的企業の設立：「ナヌムハウジング」

二〇一〇年に株式会社ナヌムハウジングを設立し、ソウル市より「ソウル型社会的企業」[11]として認証を受けインテリアデザイン分野に参入した。ナヌムハウジングの設立目的は、ビジネス活動を通じてホームレスの人々を始めとする低所得層の仕事を創出することである。企業活動による収益は居住困窮層への支援に回される。設立当初は厳しい経営環境が続いていたが、それを乗り越え現在はホームレスや社会的弱者、低所得層に安定した仕事を提供する社会的企業として成長している。

②高齢者介護事業を展開する「幸せなヨヤン（介護）センター」

韓国は、出産率の低下や平均寿命の上昇などにより日本以上の急スピードで高齢化が進んでおり、二〇〇〇年に七・二％で高齢化社会に進入し、二〇一八年には

ナヌムハウジングの作業の様子。低所得層の家屋の壁紙の張替え作業を行っている
出所：ナヌムと未来ホームページ http://www.yesnanum.org/

高齢社会、二〇二六年には超高齢社会に突入することが予想されている(韓国政府建設交通部、現国土海洋部内部資料)。もはや高齢者介護の問題は個人や家族だけの問題ではなく社会的に取り組まなければならない問題となってきているのである。そのような社会的背景の下、韓国でも日本の介護保険に当たる制度が二〇〇八年七月に施行された。韓国では「老人長期療養保険法」と称される法律に基づき介護の社会化が実施されることになったのである。

このような流れの中でナヌムと未来も高齢者への在宅介護支援事業を行うため、二〇〇九年に「幸せなヨヤン(介護)センター」を設立し、とりわけ身動きが取れない高齢者の介護を行う在宅介護支援事業を始めた。まだ始まったばかりということもあり規模は小さいが、今後徐々に活動経験を蓄積し、高齢者の介護を中心とした社会資源として社会に根付いていくことを目指している。

この他、二〇〇六年からボランティアによって作られたおかずを、週一回地域内に居住する単身高齢者二五世帯を対象に無償で配る活動も行っている。経済的にも困難を抱えている単身高齢者世帯にとって真心を込めて作られたおかずは大きな助けとなっている。しかし、お年寄りが実際に待っているのはおかずではなく、孤独な生活から少しでも社会との接点を取り戻すことができる、話し相手としてのボランティアの人々である。おかず支援の奉仕活動は、実は単身高齢者の社会的孤立を軽減し、対話を交わすことを通して無縁死や孤独死を防ぐための第一のステップにもなるのである。

③自活勤労の受け皿「陽川《ヤンチョン》地域自活センター」の統合運営

ナヌムと未来と表面上は別組織になっていた「社団法人そら・愛・福祉会」は、ナヌムと未来の理事長が同法人の理事長を兼任していたこともあり、運営の効率化を図るため二〇一〇年にナヌムと未来に吸収統合されることとなった。そのため、同法人が受託していた「陽川地域自活センター」もナヌムと未来の傘下に入ることになり、低所得層の生活支援事業を展開するナヌムと未来はより多角的な事業を展開することが可能となった。

以上のように様々な事業を展開するような組織として成長した社団法人ナヌムと未来に対し、同法人で働くスタッフは七色の虹に喩えて表現している。つまり、「Red: 朝を拓く家、Orange: ナヌムマウル、Yellow: 家・希望・居住福祉センター、Green: ニュータウン住民支援センター、Blue: ナヌムハウジング+ドゥコビハウジング、Navy: 陽川地域自活センター、Violet: 幸せなヨヤンセンター」がそれである。

より詳しい内容は、社団法人ナヌムと未来へ
ソウル特別市城北区普門洞7街105-3チョンアムビル8階
Tel. +82-2-928-9064　Fax. +82-2922-5945 E-mail plain21@hanmail.net

ナヌムと未来は、七色が調和のとれた和音を紡ぎ出す虹のような組織であると自負している。ナヌムと未来は、今後も居住困窮層の人々が希望を失わずにたくましく生きていけるよう支えられる助力者かつ友人となれるよう努力したいと述べている。

また、ナヌムと未来は、今後五年間、韓国国内に限らず途上国の貧困住民への援助活動を展開するため「一〇〇人理事会」を組織し、子どもたちや青少年のための学校、診療所、職業センター、韓国語塾等を設置運営する「花を植える手」運動を展開する新しい活動計画を打ち出している。

4　城東《ソンドン》住民会（旧、錦湖《クムホ》・杏堂《ヘンダン》・下往《ハウァン》企画団）[12]

都市内の再開発事業が元居住者のニーズとは相反するような形で展開され、居住者の福祉向上はもとより結果的には住民の生活を駆逐してしまうような結果となった例は、一章で取り上げた強制立ち退きによる損害や龍山事件でも紹介した通りである。実際に一九九〇年代までそのような強引な手段を使った再開発事業は、ソウル市を始め全国の大都市の至る所で実施されてきた。一方、再開発事業に伴う地域再編に対応し、住民の生活防衛と一〇年後の地域の将来ビジョンを模索するため、再開発事業前から住民とともにワークショップを繰り返し行い、地域マスタープランに基づいたまちづくりを行ってきた地域がある。そしてその地域で住民の一員となってまちづくりを推進してきた組織が、現在の城東住民会の前身となる錦湖《クムホ》・杏堂《ヘンダン》・下往《ハウァン》企画団（以後、企画団とする）である。しかし、実は企画団にはモデルとなった地域や団体があった。それが今から紹介する「ボグンジャリ」コミュニティである。本項では、再定住のまちづくり・コミュニティ開発の成功例として同地域における事業展開や活動について紹介した後、企画団のまちづくり実践と現在の取り組みについて紹介する。

(1)再定住のまちづくり・コミュニティ開発―「ボグンジャリ」・「ハンドク住宅」・「モクファ・マウル」

「ボグンジャリ」とは、発音上は「鳥の巣」あるいは「懐かしい我が家」を意味するが、漢字を使う場合は「福音」という宗教的なメッセージが含まれることもある重義的な用語である。そもそもはソウル市内の楊坪洞《ヤンピョンドン》で始められたコミュニティセンターの名称である。一九七七年にソウル都心のスラムに対する強制立ち退きに対し、郊外のと集団移住を決意し集まった住民たちが、土地ならしから始めてセルフ・ヘルプによる住宅やインフラ建設を始めた。それにとどまらず様々なコミュニティ開発を展開し、やがて地域名としても使われることとなった。また、このような活動を住民に初期移住の準備段階から働きかけていたグループも「ボグンジャリチーム」と呼ばれていた。

その後、一九七九年にソウル市内各地から強制立ち退きを受けた住民が集まり、「ボグンジャリ」コミュニティの近隣に新たに「ハンドク住宅」が、また一九八五年〜八六年には、ソウル市の「木洞新市街地開発計画」による立ち退きを迫られていた住民の再定住コミュニティとして「モクファ・マウル」がそれぞれ開発され、それら全体を合わせて通称「ボグンジャリマウルコミュニティ」と呼ばれるようになった。

ボグンジャリは、このように、ボグンジャリチームというNGOが中心になって住民の集団移住と居住地の整備に当たったが、資金は海外援助機関からの貸付けを受けていた。また、セルフヘルプ住宅（ボグンジャリ）、信用組合、共同作業場や生産協同事業等のようなコミュニティビジネスを立ち上げ、貧困住民の生活向上の可能性を広げ、コミュニティの自主管理を実現させた。その他にもコミュニティ行事として、演劇、運動会、お祭り等を通じ、貧困者の共同性向上に努め、その結果、住民は再定住の費用として借り受けていた融資金を全額返済することができた（ジョン・デイリー、一九八七：鄭イルウ・朴在天、一九九八）。ボグンジャリは、再定住の後にも住民同士の相互扶助を促進し、人間的な相互作用のある居住福祉のコミュニティを築き上げた稀有な例と

ボグンジャリのお祭り（端午祭）
出所：ボグンジャリ信用協同組合提供

右手手前の集合住宅が再開発を控えたボグンジャリ（2006年8月現在）
（筆者撮影）

言えるであろう。

(2)地域協同共同体型のコミュニティ開発―「住民協同共同体実現のための錦湖《クムホ》・杏堂《ヘンダン》・下往《ハウァン》企画団」

これまで韓国の住宅再開発事業での強制立ち退きに対する反対運動は、およそ三〇年以上の歴史を持っている。その過程での死亡者数は二九名に上り（韓国都市研究所、一九九八）、撤去に抗する運動は抵抗型運動の代表格とも言われている。しかし、次第に初期の非組織的な抵抗型の運動から居住の権利を追及する要求型の運動へと運動の質が変わり、代替的な住居として再開発地区内に公共賃貸住宅を供給させることや、工事期間中の臨時居住施設の設置を要求するようになった。一方、住民の多くはその過程で補償金や移住費を受け取って地域から出て行った。また一部臨時居住施設にようやく入居できたとしても、運動がそこで力尽きてしまう場合も多かった。その中で運動の目標を、居住の権利と住民の生活防衛に絞り、住み続けられるまちづくりに向けて動き出したグループがあった。企画団の前身である。そのグループは再開発事業の準備段階からコミュニティ同士の水平的な相互訪問交流・ワークショップ等を実施し、住民による総合的なまちづくりプランを打ち出した（**表1**参照）。なおそれを実現させる実行機構として「企画団」を組織し、住民と支援者で組織された「協同共同体分野」を中心に、地域の空間的・生活環境的な再

表1　錦湖・杏堂・下往地域マスタープラン実践構想

<table>
<tr><th>区分</th><th>年度</th><th>地域変化</th><th>段階</th><th colspan="4">推進内容</th></tr>
<tr><td rowspan="3">初期</td><td>1987</td><td rowspan="3">5年日常活動期</td><td rowspan="3">センター活動</td><td colspan="4" rowspan="3">臨時居住施設で生活する住民（6地区、250世帯）</td></tr>
<tr><td>～</td></tr>
<tr><td>1992</td></tr>
<tr><td rowspan="5">第1期</td><td>1993</td><td></td><td>再開発本格化</td><td colspan="4">住民参加型共同方式の住民運動展開</td></tr>
<tr><td>1994</td><td></td><td>構想</td><td colspan="4">対策委から臨時居住団地自治会へと転換</td></tr>
<tr><td>1995</td><td>・地方自治4代選挙</td><td>企画団発足</td><td>経済協同</td><td>生産協同</td><td>生活協同</td><td>社会福祉</td></tr>
<tr><td>1996</td><td>・第15代総選挙</td><td></td><td>分野</td><td>分野</td><td>分野</td><td>分野</td></tr>
<tr><td>1997</td><td>・大統領選挙</td><td>準備及び実験期</td><td rowspan="6">経済共同体である信用協同組合の設立</td><td rowspan="6">協同作業場の運用：縫製等生産協同共同体実験</td><td rowspan="6">地域消費者協同組合として生活協同運動を展開</td><td rowspan="6">地域住民の教育、社会、文化等を担当する福祉共同体の開発</td></tr>
<tr><td rowspan="5">第2期</td><td>1998</td><td>・地方自治選挙</td><td>住民協同</td></tr>
<tr><td>1999</td><td></td><td>共同体</td></tr>
<tr><td>2000</td><td>・地方再編（再開発完了）</td><td>本格化期</td></tr>
<tr><td>2001</td><td>・公共賃貸住宅入居及び生活基盤造成期</td><td></td></tr>
<tr><td>2002</td><td></td><td></td></tr>
<tr><td rowspan="8">第3期</td><td>2003</td><td rowspan="8">・住民運動の拡大
・本格的な地域自治活動の展開
・まち共同体の実現</td><td rowspan="8">分野別安定期</td><td colspan="4" rowspan="8">Ⅰ．各分野専門実務力の確立
1）経済協同：協同の哲学＋実務力＋管理力
2）生産協同：住民の持つ技術の協同化＋資本金の形成＋販売網構想
3）生活協同：食品、環境等の協同化＋農村生産者との出会い＋共同購買力向上
4）社会福祉：社会福祉資格取得＋地方自治体との協力＋住民福祉共同体の開発</td></tr>
<tr><td>2004</td></tr>
<tr><td>2005</td></tr>
<tr><td>2006</td></tr>
<tr><td>2007</td></tr>
<tr><td>2008</td></tr>
<tr><td>2009</td></tr>
<tr><td>2010</td></tr>
</table>

出所：鄭イルウ（＝ジョン・デイリー）・朴在天（1998）

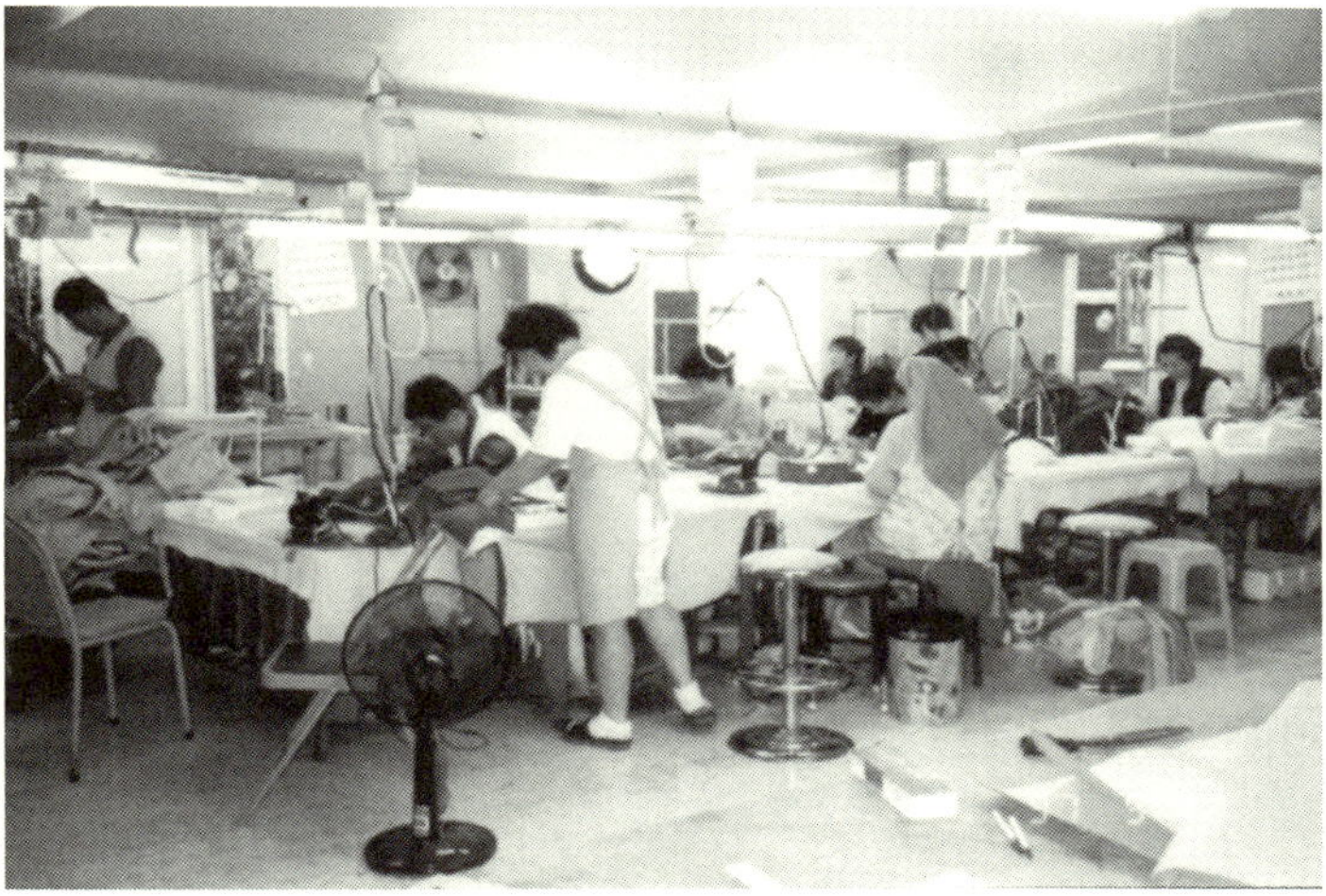

生産協同共同体の作業場

出所：上下とも住民協同共同体実現のための錦湖・杏堂・下往企画団提供

生産協同共同体の教育の場

編に向けて動き出したのである。これは、既存の社会の制度的な枠組を変更あるいは活用したり（経済協同分野、後にコミュニティバンクとして信用協同組合を設立）、また活動内容においても住民自身の手持ちの技術を活かした試み（生産協同分野、後に縫製業の会社設立を目指すが失敗に終わる）を行ってきた点で特徴的である。

企画団メンバーのほとんどは、再開発事業終了後もこの地域にとどまり、それまで居住していたプレハブから再開発公共賃貸住宅に移った。入居後、一時期活動が小休止していたが、その後再奮起し、これまでのような再開発地域における権利擁護及び生活防衛運動から、今後はより地域社会に開かれた住民活動を目指し、二〇一〇年には住民自治組織として「社団法人いのち・暮らし・自治城東住民会（以下住民会）」を設立した。住民会は、住民相互間の福祉向上や生活支援事業に加え、城東地域自活センターの委託運営を通じた低所得層住民の就労支援も行っている。

その他、同住民会関連事業として最も特記すべき活動としてコミュニティバンクの設立運営を挙げることができる。コミュニティバンクは、「ノンコル信用協同組合」という名称で設立され、二〇〇七年八月現在、組合員数約二、六〇〇名、資産規模八〇億ウォンという中堅の金融機関に成長している。同住民会が拠点としている地域は低所得層住民が多く居住し、担保を必要とする制度金融から貸付を得るのは至難の業であった。また再開発当初、事業終了後に入居予定の公共賃貸住宅は、初期入居費用として少なくない金額の敷金が必要となっていたが、ほとんどの住民はそれを賄えるほどの経済的な資産を持ち合わせていなかった。そこで住民会の前身である企画団の時代から住民の経済的基盤を支援するため、共同作業場を始め、いざという時に担保なしで金融支援の機会にアクセスできるよう支援するためのコミュニティバンクづくり構想が練られていた。そのモデルとなったのは、前記のボグンジャリで行われた信用協同組合づくりの実験であった。それを手本に、上記マスタープランで掲げた経済協同分野の活動の一環として動き出したのである。

初期準備の段階で、この活動に参加する

地域住民のコミュニティバンクとして根付いている
「ノンコル信用協同組合」の様子（筆者撮影）

ために安定した制度金融の銀行で勤めていた地域住民の一人が辞職し、本信用協同組合づくりに全面的に協力したことが大きな原動力になった。現在、同組合からの収益に関しては、組合員への配当金以外に、地域社会開発基金として使うことが定款に定められている。この収益金を活用して、地域住民を対象とした祭りの開催、農家との直接取引による農産物販売、生活協同組合の活動支援、住民の健康や医療面での支援をも視野に入れた医療生活協同組合の設立等の構想が進められている。

また、近年新しい試みとして取り組んでいるのが、まちづくりの活動拠点や住民の居場所づくりを目指した「サランバン（＝

第1サランバン開所式の様子。住民参加のワークショップを繰り返して室内デザイン等を行ったこともあり、住民らにとって非常に愛着の深い空間となっている
出所：城東住民会提供

憩いの場)」づくり活動である。これは、上記の信用協同組合のような既存のまちづくり関連の地域資源のネットワーク化とともに、新たに地域住民の集いの場や、社会的企業、コミュニティビジネスの起業支援を目的とした拠点づくりを行うものである。現在、今後一〇年間で、一一のサランバンを全地域に張り巡らせる形で作る計画を進めている。

5 財団法人ソウル特別市立タシソギ相談保護センター
―韓国におけるホームレス支援策の展開

韓国のホームレス支援は、一九九七年に始まったアジア通貨危機に伴う経済危機より始まった。その最も早い段階で官民のパートナーシップによる「露宿人タシソギ支援センター」(現、財団法人ソウル特別市立タシソギ(=立ち直り)相談保護センター)」の設置が合意に至る。同センターは、総合的で包括的なホームレス支援の最も代表的な拠点機関であり、これまでに多くの成果を生み出した居住福祉支援施設の一つと言えよう。本項では、同センターの概要の紹介に先立ちこれまでの韓国におけるホームレス支援関連の動向について紹介した後、同センターの主な活動内容について紹介する。

二〇一〇年一二月末現在、韓国の野宿者総数は四、一八七名と報告されている。その中でソウルの主要駅舎に常住している野宿者は約四〇〇名で、シェルター入所者を含めるとソウル市だけで約二、六〇〇名の野宿者がいると報告されている（保健福祉部、プレスリリース、二〇一一年六月七日付）。一方、韓国でホームレスを指し示す用語には実はいくつか特徴的な表現がある。まず最も一般的な用語に露宿者（ノスクジャ）という呼称がある。これは言葉通り「露に濡れながら宿る（眠る）状態にいる人」という意味で、路上で生活している野宿者を表す言い方である[13]。一方、同様な状態を指し示すもう一つの表現として浮浪人（ブランイン）という呼称がある。この用語は長い歴史を持っており、その意味も非常に差別的な意味合いが込められていた[14]。「浮浪人」に対しては社会からの隔離を図った収容政策が行われ、施設内で入所者に対する傷害致死事件が発生するなど、社会問題となったことも多々あった（金秀顯他、一九九八）。しかし、九八年の経済危機により急増した新たな都市問題としての「ホームレス（露宿者）」問題に対しては、これまで同様、隔離・収容政策を実施することが困難であること、さらにこの問題は、国の経済政策の失敗による構造的な問題による「一時的な現象」であるという認識に基づき、施策初期は「失職野宿者」という表現も使われていた[15]。

このような視点はその後も貫かれており、政権の交代によって一部施策の変化が見られたりもしたが、ほぼ一貫して、ホームレス化は政策の失敗か個人の甲斐性によるものとされ、路上か施設かという二項対立的な視点のせめぎ合いの上に施策の方向性が決められ、いずれは「収容」か「自立」かに収斂される形で展開してきたのである。

言い換えると、行政的な意味では韓国のホームレス状態にいる人々は、露宿人（路上・シェルター）と浮浪人という二種類に区分できる。では、行政が把握しているその数の推移を詳しく見てみよう。**表2**は行政が報告している公式統計によるものである。

表2によると、二〇一〇年度のホームレスの総数は一三、一四五名である。しかし、この数字は、ホームレス問題関連研究者や支援者らによってホームレス状態との相関性が高いと言われてきた、居住困窮状態にいる人々が含まれていない。つまり、これまでの研究の中で経済状況や

表2　ホームレスの推移

年度	2005	2006	2007	2008	2009	2010
合計	15,785	30,958	14,266	14,288	13,930	13,145
露宿人	4,722	4,856	4,544	4,796	4,664	4,187
シェルター	3,763	3,563	3,363	3,479	3,404	3,113
路上	959	1,293	1,181	1,317	1,260	1,074
浮浪人	11,063	10,317	9,722	9,492	9,266	8,958
健常者	926	808	746	572	753	681
障がい者等	10,137	9,509	8,976	8,920	8,513	8,277

注1：野宿者はほとんどがアルコール依存症、高血圧、呼吸器疾患等多様な疾患を患っている。
注2：浮浪人の中での障がいの内容：身体障がい者（60.1％）、精神疾患（21.6％）、身体疾患（6.4％）、老人性疾患（3.8％）
出所：保健福祉部、プレスリリース（2011年6月7日付）

季節的要因によって野宿を繰り返しているとされるチョッパン居住者、そして、劣悪な居住環境の中、衛生や防災の面でも非常に劣悪な生活条件の下で生活しているビニルハウス居住者、さらには近年新たな不安定居住状態として注目を集めているPCバン（ネットカフェ）滞在者、そして日雇い労働者や、韓国系中国人（＝朝鮮族）・移住労働者の廉価な住まいとして利用されていると話題となった考試院《コシウォン》[16]等は含まれていない。これらも広い意味でのホームレス状態として把握し、その実態やニーズを明らかにした上で、施策対象の範囲に含めるべきと考える。

政府によるホームレス支援策は、保健福祉部が「都市野宿者総合支援対策」（一九九八年六月七日）を発表したのが始まりである。その後、ソウル市では同年七月に市民団体・行政・学識経験者等で構成された「ソウル市露宿者対策協議会」が組織され、官民のパートナーシップによる支援事業がスタートした。その後ホームレス支援策は、下記のような形で発展・変容を経て現在に至っている。時期を追って施策展開の特徴を紹介してみよう。

第一期：支援策の導入期（一九九八年三月～一九九八年八月）

施策の導入期には、ソウル市が舵を取るような形で進められた。それまでに民間団体や宗教団体が行ってきた自前の支援活動が評価され、各分野の民間の専門家を迎え入れた「ソウル市野宿者対策協議会」が設置された。なお、一九九八年三月には宗教・市民団体を中心に「全国失職露宿者対策宗教・市民団体協議会」（全失露協）が結成された。

この時期は応急保護を中心に据え、宗教・市民団体が行っている相談及び応急支援事業に対し、政府が必要な財政的補助を行った。

第二期：本格的応急保護事業の推進と自立支援の模索期（一九九八年九月〜一九九九年一月）

一九九八年九月、ソウル市は野宿者の施設保護から自立支援に至る、総合的かつ体系的な支援事業を含む「野宿者タシソギ（立ち直り）プログラム」を策定し、ソウル市野宿者対策協議会の下に「野宿者タシソギ支援センター」（一九九八年九月一五日）を設置した。それにより応急保護施設の確保に乗り出し、市内すべての総合社会福祉館に一〇〜二〇名規模で生活できるシェルター（「希望の家」という）を設置し、冬季に備えた（合計約三、〇〇〇名の入所規模）。

また、出入が自由で生活上の制約のない、文字通り「自由の家」を設置し、冬季対策に臨んだ。これにより応急保護体系が確立され、ソウル市は次第に自立支援事業へと施策方向を変えていった。当時、就労自立の見通しが立った人々を対象に「自活の家」プログラム（民間の賃貸住宅を借り上げ、最長四年まで居住可能）が実施されたことは、今日で言う居住支援の嚆矢に当たるものとして特筆すべきである。

第三期：リハビリ及び自立支援事業の推進期（二〇〇〇年）

「自由の家」の設置をもって応急保護体系が確立し、「相談所（路上）」から「自由の家」―「希望の家」―「自活の家」に繋がる野宿者支援体系が構築された。第三期はそのような支援体系を背景に自立支援へと重点を移した時期であった。一方、政府によって潜在的なホームレスとして見なされていたチョッパン居住者支援策が打ち出されたのを契機に、市内二か所に「チョッパン相談センター」が設置され、シャワーなどの基本的サービスを提供する他、日常的な相談活動が展開されたことも特記すべきである。

第四期：現場（路上）保護の実施期（二〇〇一～二〇〇二年）

二〇〇一年以降は、シェルター等、施設入所を前提とした支援ではなく、いわゆる「現場（路上）保護の原則」に即し、路上にいながらも人間としての尊厳を保った生活を可能にするための支援策が打ち出された。その結果、「路上診療所」の常設化、チョッパンや路上で生活しながら自由にシャワー・洗濯等の生活サービスや短期宿泊が利用できる「相談保護センター（Drop-in Center）」を民間に委託し設置した。

第五期：複合的居住支援及び制度化推進期（二〇〇三年～現在）

次第に事態が落ち着いていく中で、施策も本格的な自立支援へと推移した。一時期、政権交代に伴って停滞したこともあったが、二〇〇四年より単身階層向けのモデル事業として実施された買上賃貸住宅事業が本格化するにつれ、支援施策の性格も大きく変わってきた。先述したように「買上賃貸住宅事業」とは、都心内に散在する民間の集合住宅を国が買い上げ、公的住宅として供給する事業である。同事業は二〇〇四年に制定された「国民賃貸住宅建設等に関する特別措置法」に基づくもので、低所得層が多く居住するソウル市の五つの自治区を対象に、五〇〇戸のモデル事業としてスタートしたが、二〇〇五年以降は全国に範囲を広げ、施策対象もチョッパン・ビニルハウス、さらにはシェルター退所者にまで拡大した。この事業の最も大きな特徴は、いわゆる韓国版ハウジングファースト（HF）モデル[17]であることである。ハウジングファーストモデルとは施設を前提としない支援プログラムで、既成市街地にある民間の住宅を公共住宅としてストック化し、これまでホームレス支援等の経験のある民間団体に指定管理を委ね、就労支援や相談、各種社会サービス支援をセットにした複合的な居住支援を展開するものである[18]。

一方、民間団体を中心に、以前より提案されてきた浮浪者支援策との統合及びこれまでに法的な根拠なしに運用されてきたホームレス支援に対する根拠法の制定に向けた活動が展開されるようになった。その最も大きな推進力となったのは、二〇〇九年に研究者有志によって創立された「韓国ホームレス研究会」の存在と、同じく二〇〇九年にホームレス支援団体間の連携を目的に発足した「韓国ホームレス連帯」の活動である。その後、それに共鳴した各政党の議員らの支援を受けて法律制定推進運動が本格化され、二〇一一年には韓国で初めての「ホームレス支援法」が成立した[19]。

では、以下ではソウル市立タシソギ相談保護センター（以下、タシソギ支援センター）の具体的な事業内容について紹介する。

新しく制定された同法律でタシソギ支援センターは、相談保護センターから「野宿者総合支援センター」へと名称が変わり、重点施設としての役割がより重視されている（**図6**参照）。同センターは、主

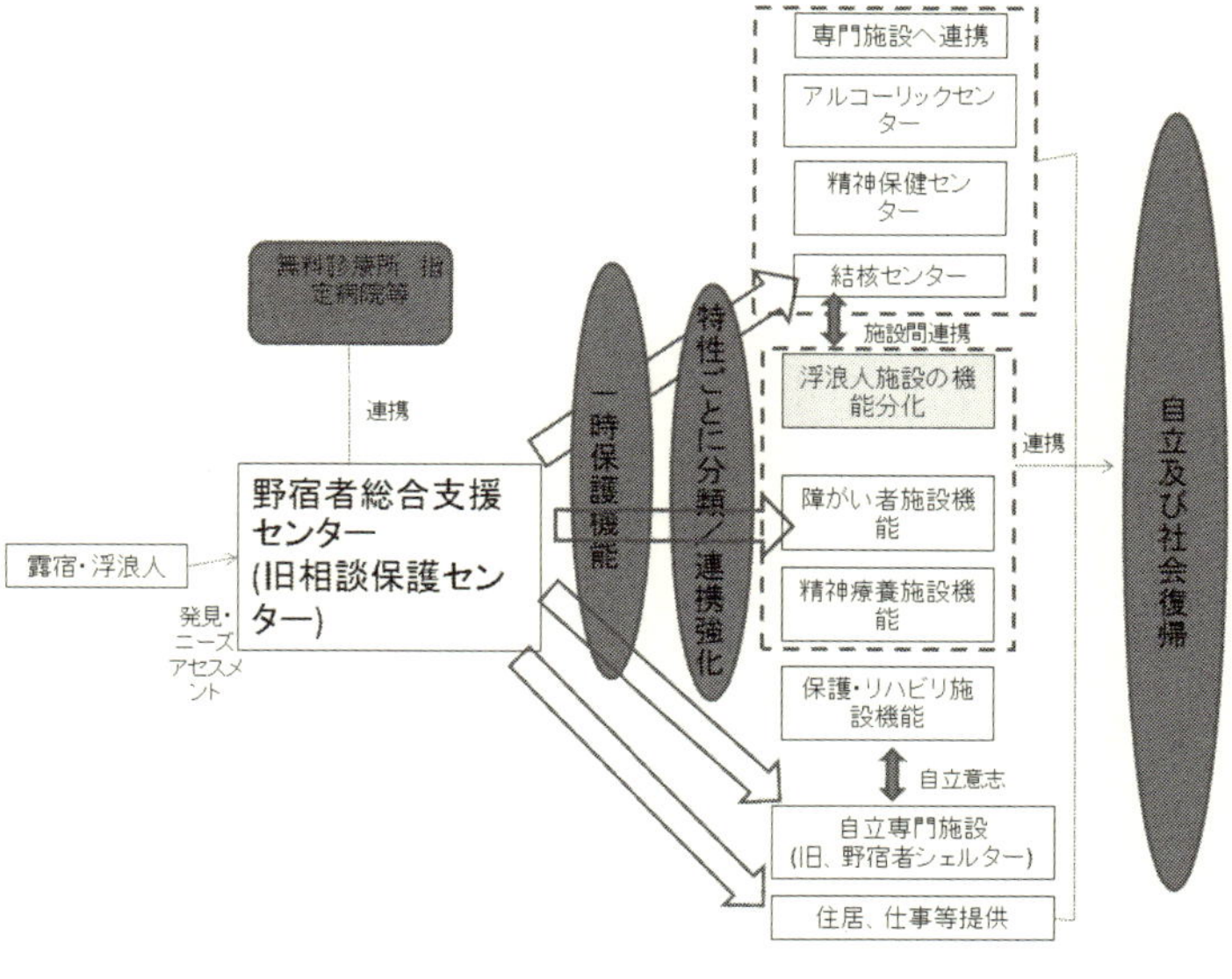

図6　(改編)露宿人等福祉サービス支援体系(案)
出所：保健福祉部プレスリリース(2011年6月7日付)

としてソウル市内のホームレス支援関連の総括的な役割から、次第に自由な利用が可能な相談保護センター（＝ドロップインセンター）として機能を変えてきた。そして、今回の法律制定に伴い、国のホームレス支援策の重要な拠点組織として今後さらに機能と権限が強化されることが予想される。

では、これまで相談保護センターとして、同センターはどのような役割を果たしてきたのかについて簡単に紹介してみよう。まず、同センターの組織を見ると、企画運営チーム、相談保護センター運営チーム、現場支援チーム、医療支援チームに分かれて運営されている。

ソウル駅にある路上相談所
出所：同センターホームページ
http://homelesskr.org

企画運営チームは、就労希望者向けの特別自活勤労事業や自転車リサイクル事業などの就労支援分野と、無料炊き出し事業のような応急支援事業の他、野宿者の自尊感を向上させ社会復帰に向けたハードルを下げ

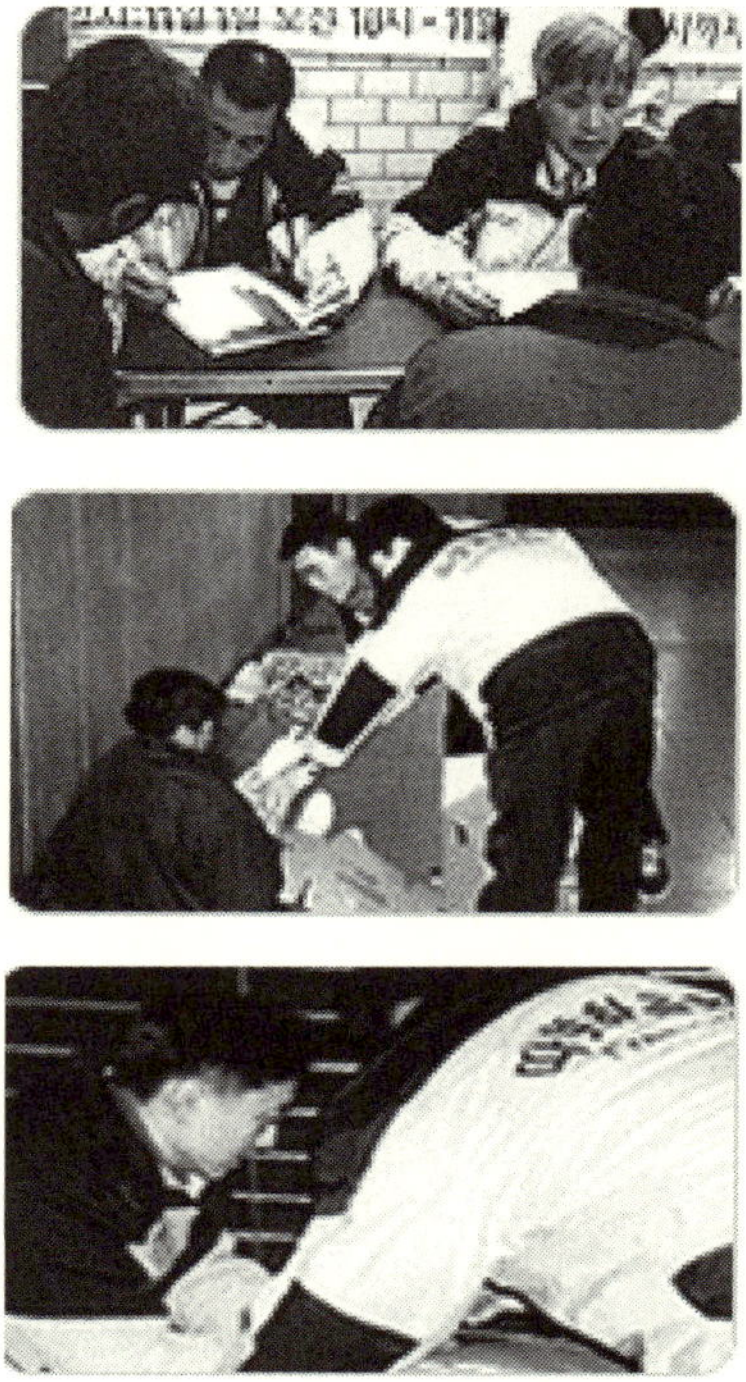

アウトリーチと路上相談の様子
出所：同センターホームページ
http://homelesskr.org

るため、とりわけ人文学的な教養や文化体験・学習を支援する「人文学講座」等を担当する。相談保護センター運営チームは、路上の野宿者保護のためのサービス支援と社会資源の連携構築、シェルター入所・緊急宿泊・臨時居住支援・買上賃貸住宅運営委託事業等のような居住支援分野を担当する。そして現場支援チームはソウル市内にある主要駅としてソウル駅と永登浦《ヨンドゥンポ》駅に現場相談所を設置し常時相談体制を運用しており、路上の野宿者に対し応急救護サービスの提供するとともに保護体制を整えている。

最後に医療支援チームはソウル駅の近所に無料診療所を常設運用しており、そこを拠点としてソウル駅界隈の夜間診療や野宿中の野宿者のための地下道診療を行っており、市立病院や国立医療院とも連携を取っている。以上各チームで働くスタッフは診療所の看護師（四名）・公衆保健医

（二名）等も含めて約三二名である。その他多くのボランティアが参加しており、企画運営チームがボランティアの管理と仕事の割り振り等を担っている。

以上様々な活動の中で、とりわけ居住支援事業に絞って詳しく活動内容や成果について見てみよう。

まず、「臨時居住支援事業」とは、野宿者に仮の住まい（恒久住宅ではないチョッパンなどの簡易宿泊施設）を提供し、脱野宿から自立した居住生活及び地域定着に至るよう支援することを言う。

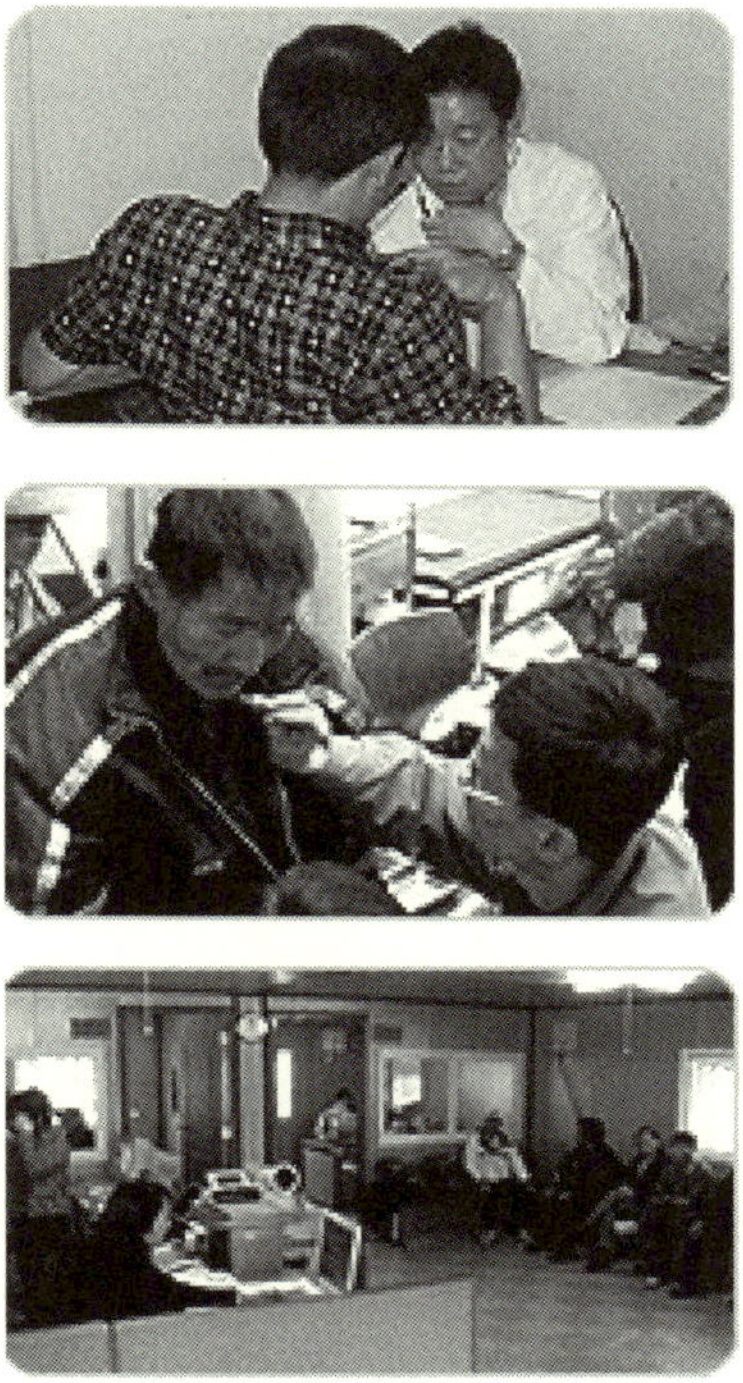

ソウル駅近所にある無料診療所での診察の様子
出所：同センターホームページ
http://homelesskr.org

まず、安定した居住生活を取り戻し、そこを拠点として住所地がない人には住所設定（復元）の手続きを支援したり、本人の状況次第では障がい者登録手続きの支援、あるいは国民基礎生活保障の受給支援等を行う。入居後もアフターケアを行い、地域社会の福祉資源への連携の中で持続的な支援体制を取っていくことを試みている。二〇〇八年は野宿者一八三名に対し初期相談（アセスメント）を行い、一一七名には住居入居を支援し、内九四名が国民基礎生活保障の受給者となるよう支援した。その他住所地がない四七名に住民登録の復元を支援し、また四名に対しては障がい者登録を支援した。居住支援事業に関わった野宿者に対しては入居支援や国民基礎生活保障の受給支援等の他、月二回の定例会合、人文学講座、文化プログラム、野外活動等、多様な支援メニューを用意し支援している。また持続的なアフターケアを実施しており、入居後の状況についても「居住維持」が九九名（八五％）に上っている。

次に買上賃貸住宅運営委託事業について紹介する。制度そのものについては本書で何度も紹介した通りであり再度言及はしないが、タシソギ支援センターも同事業の運営委託機関として指定され、同事業の受け皿として野宿者の脱野宿と居住支援に取り組んでいる。同センターでは、臨時居住支援事業と同様に、入居後の持続的なアフターケアの実施や入居者の自治会組織の支援等を通じて地域社会に軟着陸できるよう支援し、野宿状態に舞い戻るリスクを最小化できるよう支援している。タシソギ支援センターでは単身向け買上賃貸住宅（三三世帯四〇名）とチョッパン居住者向け賃貸住宅（二六世帯三七名）の合計一二棟の管理運営を受託している（二〇〇九年現在）。

入居者に対する支援内容は、上記臨時居住支援事業とも共通するところが多いが、最も特記すべき内容として、本事業により入居した人に対し、地域社会への再参加に向けた積極的な支援という趣旨で、当該住宅の管理活動に、より積極的な参加の機会を設定している点が挙げられる。その他、入居者の安定的な地域定着のための福祉関連施設との連携の推進、入居者の文化活動並びに就労支援、健康管理等を常時行っている。

注

1　諸廷垢記念事業会は、ボグンジャリコミュニティの開発や都市貧民研究所の設立に関わり、その後も貧困住民とともに生活しながら後に国会議員にもなった故諸廷垢氏の意志を引き継ぐために設立された団体である。同事業会の常任理事である朴在天氏は、ボグンジャリ建設に関わる傍ら同コミュニティ内に設立されたコミュニティバンク、ボグンジャリ信用協同組合活動にも関わり、後述する錦湖《クムホ》・杏堂《ヘンダン》・下往《ハウアン》企画団の発足に大きな役割を果たした人物である。現在も再開発が行われた同地域の公共賃貸住宅で住民とともに生活している。同事業会のホームページでは日本語サイトも併設している。故諸廷垢氏の紹介等も掲載されているので是非一読を勧めたい。諸廷垢記念事業会記念事業会のURL: http://www.jjgfound.or.kr/foreign/jp3.php

2　「社会的企業育成法」とは、法律条文の第一条（目的）によると「社会的企業を支援し韓国社会で十分に供給されていない社会サービスを拡充しかつ新しい雇用を創出することにより、社会統合と国民生

より詳しい内容は、財団法人ソウル特別市立タシソギ（＝立ち直り）相談保護センター）へ
〒140－801 ソウル特別市龍山区葛月洞14-30
Tel :+82-2-777-5217 / Fax :+82-2-777-5393

活の質の向上に資すること」を目的として制定された法律である。この法律で社会的企業とは、「脆弱階層（＝社会的弱者）に社会サービスまたは就労を提供し、地域住民の生活の質を高めるなどの社会的目的を追求しながら、財貨及びサービスの生産販売など営業活動を実施する企業」として、第七条の労働部大臣による認証を受けた者と定められている（第二条・定義）。社会的企業として認定されると財政及び経営支援を受けられるようになり、専門人材や新規雇用者に対する人件費補助（最長五年間）、法人税と所得税の減免（五〇％、四年間）、施設関連費の貸付等の他、設立や経営に関連したコンサルティング支援を受けられることになっている。その他間接支援として行政による優先購入や社会的企業ネットワークの構築支援等が行われる。二〇一〇年末現在、認証を受けた社会的企業は五〇一に上っている。

3　生活保護の中に組み込まれている住居給付は「現金給付」と「現物給付」とに分かれ、後者の場合は、貧困層の居住する家屋の修理、例えば老朽化した屋根や壁・配管等の修理・補強、または壁紙の張り替え等を行ったりする。そして厳寒期に熱効率を高め燃料などの経済的負担を軽減させる改修工事を行う等、基準によって定められた金額に即した修理事業を提供することで給付に代える仕組みとなっている。

4　「居住福祉センター」は、これまで低所得層への支援事業に関わってきた民間の支援団体等が二〇〇七年に社会福祉共同募金会の助成事業に応募し採択され開設した包括的な居住福祉サービスを提供するための機関である。居住福祉センターが行っている重要な活動の一つは、地域コミュニティの中にある様々な福祉資源、とりわけ居住と直接・間接的に関連が深い資源のネットワークを構築する作業である。同センターはソウル市内四か所（後述する城北居住福祉センターは四か所の中の一つ）、地方三か所で活動している。

5　建築資材販売会社として、主として会員団体に安く資材を提供するために設立された。収益は協会運営及び会員団体の厚生事業に充てているという。

6　自活関連事業全体としては約一千億～二千億ウォンの事業規模である。

7　民間企業からのＣＳＲによる事業費、会員団体の会費等から成る。

8　地下住居とともに代表的な低所得層の居住地であり、屋上に増築した住戸に間借りするという形で居住する場合が多い（韓国では、一時期人気テレビ番組ともなった「屋根部屋の猫」の舞台として取り上げられたこともある）。

9 同事件では鎮圧に関わった警察官を含む六名の死者と負傷者を出した。

10 子供の童謡で、ガマに古い家をあげるから新しい家をくれと問いかける歌があり、それを喩えてつけた名称。

11 先述した「社会的企業育成法」による社会的企業は韓国の労働部による認証と補助を受けることになるが（認定社会的企業）、「ソウル型社会的企業」（予備社会的企業）とは、国の制度とは別枠でソウル市が設けた制度である。ソウル市からの認証を受けられると、二年間人件費の補助を受け、その後は労働部による社会的企業にスケールアップしていく道筋が描かれている。

12 城東住民会への連絡は、前記紹介した韓国住民運動情報教育院へ。

13 民間支援団体が人権を尊重するという意味を込めて提言したことがきっかけで近年は「露宿人（ノスクイン）」という表現に改められた。近隣国の台湾でも今までホームレスの人々に対し「遊民」という行政用語が使われていたが、やはり民間団体によるキャンペーンによって徐々に「街友」という表現に改められつつあるという。

14 一九七五年に発表された内務部訓令第四一〇号では「一定の住居がなく、観光業所、接客業所、駅、バス停等多数の人が集まったり通行する所や住宅街を徘徊するか、座り込んで物乞いをしたり物品を強買させ通行人を苦しませる乞食、ガム売り、ストリートチルドレン等、健全な社会及び都市秩序を阻害するすべての浮浪人を言う」という形で定義されている。

15 当時ホームレスの人々を支援するために官民パートナーシップによって組織された支援団体の名称も「全国失職露宿者対策宗教・市民団体協議会（＝全失露協）」であった。

16 受験生向けのレンタル学習室として運営されていたが、九〇年代後半の経済危機を契機に廉価な住まいを求める人々の居住空間として転用された生活施設。

17 ＨＦとは、一九九九年にアメリカの「ホームレス状態をなくす全米連合」（ＮＡＥＨ）によって初めて使われた表現と言われている。具体的にはアウトリーチ活動を通じて接触できた慢性的なホームレス個人を対象に、いかなるサービスの受け入れをも求めずに住宅への移行を支援し、その後も定期的な訪問相談を行う（Kertsez et al., 2009）、居住の安定を第一にした支援モデルである。

18 前述の「買上賃貸住宅事業」の項を参照。

19　正式な法律名は、「露宿人等の福祉及び自立支援に関する法律（以下、「ホームレス福祉法」）」で、四月二九日に国会の議決を得て六月七日に公布（法律第一〇七八四号）された。法律全文は、全泓奎（二〇一二）を参照。

あとがき

本書は、冒頭でも述べた通り、読者のためのガイドブックという意図で企画したものである。筆者は大学院で教えながら、毎年講義が終了した際は受講生と韓国への研修を行っている。近年は、韓国を始め東アジアに共通する居住福祉の課題やその解決に向けた取り組みを学ぶべく、香港や台湾の関連政策や実践を追う調査を継続的に行っており、近い将来には、韓国以外の東アジアの居住福祉実践を学ぶ研修旅行も企画したいと考えている。韓国の居住福祉研修はいわばその第一歩とも言えよう。しかし、毎回学生と研修を行いながら、訪問団体や関連活動について事前理解が得られたらと思うことが多かった。その思いが本書の企画に結びついた。

一方、本書で取り上げたように、行政による施策だけを頼りにせず、実に多くの居住福祉実践民間団体（本書で取り上げた団体は、居住福祉実践を行っている極めて一部の団体に過ぎない）が経験と知恵を集約させ、新たなモデルを作り出していることは高く評価すべきである。本書は、そのような実践に学ぶ際の手引書・ガイドブックとして活用されることを目的としている。今後も本書に続き「居住福祉の実践を歩く」シリーズを、今回取り上げられなかった団体に対しても企画していきたいと考えている。さらに上記した香港や台湾など東アジア諸国、そして日本の居住福祉実践事例についても引き続き調査を行い、読者とともに、居住福祉実践の現場を遍く歩き回りながら学べる機会を増やして行くことを期待しつつ本書のあとがきに代えたい。

刊行に際し、編集部の二宮義隆氏には、本書全体の構成について貴重な助言をいただきました。お礼申し上げます。

参考文献

Anzorena, J. (1994), *Housing the Poor: Tha Asian Experience* (2nd Edition), Cebu: ACHR.

Anzorena, J. (2004), *Housing the Poor: in the New Millennium*, Cebu: PAGTAMBAYONG.

Kertesz, S.G. et al., (2009), Housing First for Homeless Persons with Active Addiction: Are We Overreaching?, *The Milbank Quarterly*, Vol.87, No.2, pp.495-534.

ジョン・デイリー（一九八七）「スラムから強制退去させられた人々の再居住計画」ホルヘ・アンソレーナ他編『居住へのたたかい：アジアのスラムコミュニティから』明石書店、七三－九八頁。

全泓奎（二〇一二）「韓国ホームレス福祉法の制定と包括的な支援システムの整備：制定背景と主要内容」『ホームレスと社会』（Vol.5）、明石書店、八一－八九頁。

以下、本文韓国語

韓国基督教社会問題研究院編（一九八七）『民衆ノ力、民衆ノ教会：都市貧民ノ人間ラシイ暮ラシノタメニ』民衆社。

韓国都市研究所（一九九八）「撤去民ガ見タ撤去」。

金秀顯・李セヨン・徐鐘均・全泓奎（一九九八）『ホームレスの発生原因と実態に関する研究（改訂版）』韓国都市研究所。

鄭イルウ・朴在天（一九九八）「共同体形成ノ意味：シフン・ボグンジャリ・マウルト錦湖・杏堂・下往地域事例ノ場合」『不良住宅再開発論』ナナム出版（韓国語）。

ソウル市政開発研究院・ソウル学研究所（二〇〇〇）『ソウル、二〇世紀一〇〇年の写真記録』ソウル：ソウル市政開発研究院。

大統領諮問両極化・民生対策委員会『二〇〇七、参与政府居住福祉政策の評価と課題』。

尹宜榮（一九八七）「不良住宅再開発事業ニヨル集団ニ住民ノ再定着特性ニ関スル研究—非政府組織ノ役割ヲ中心トシテ—」ソウル大学校環境大学院修士論文。

「居住福祉ブックレット」刊行予定

☆既刊、以下続刊（刊行順不同、書名は仮題を含む）

☆01	居住福祉資源発見の旅	早川　和男（神戸大学名誉教授）
☆02	どこへ行く住宅政策	本間　義人（法政大学名誉教授）
☆03	漢字の語源にみる居住福祉の思想	李　　桓（長崎総合科学大学准教授）
☆04	日本の居住政策と障害をもつ人	大本　圭野（東京経済大学教授）
☆05	障害者・高齢者と麦の郷のこころ	伊藤静美・田中秀樹他（麦の郷）
☆06	地場工務店とともに	山本　里見（全国健康住宅サミット会長）
☆07	子どもの道くさ	水月　昭道（立命館大学研究員）
☆08	居住福祉法学の構想	吉田　邦彦（北海道大学教授）
☆09	奈良町《ならまち》の暮らしと福祉	黒田　睦子（㈳奈良まちづくりセンター副理事長）
☆10	精神科医がめざす近隣力再生	中澤　正夫（精神科医）
☆11	住むことは生きること	片山　善博（前鳥取県知事）
☆12	最下流ホームレス村から日本を見れば	ありむら潜（釜ヶ崎のまち再生フォーラム）
☆13	世界の借家人運動	髙島　一夫（日本借地借家人連合）
☆14	「居住福祉学」の理論的構築	柳中権・張秀萍（大連理工大学教授）
☆15	居住福祉資源発見の旅Ⅱ	早川　和男（神戸大学名誉教授）
☆16	居住福祉の世界：早川和男対談集	早川　和男（神戸大学名誉教授）
☆17	医療・福祉の沢内と地域演劇の湯田	高橋　典成（ワークステーション湯田・沢内） 金持　伸子（日本福祉大学名誉教授）
☆18	「居住福祉資源」の経済学	神野　武美（ジャーナリスト）
☆19	長生きマンション・長生き団地	千代崎一夫・山下千佳（住まいとまちづくりコープ）
☆20	高齢社会の住まいづくり・まちづくり	蔵田　　力（地域にねざす設計舎 TAP-ROOT）
☆21	シックハウス病への挑戦	後藤三郎・迎田允武（健康住宅居住促進協会）
☆22	韓国・居住貧困とのたたかい（本書）	全　泓奎（大阪市立大学准教授）
23	社会的入院から地域住民へ	渡部　三郎（宇和島病院理事長）他
24	ウトロで居住の権利を闘う	斎藤　正樹（ウトロ住民）
25	居住の権利—世界人権規約の視点から	熊野　勝之（弁護士）
26	農山漁村の居住福祉資源	上村　　一（社会教育家・建築家）
27	スウェーデンのシックハウス対策	早川　潤一（中部学院大学准教授）
28	中山間地域と高齢者の住まい	金山　隆一（地域計画総合研究所長）
29	包括医療の時代—役割と実践例	坂本　敦司（自治医科大学教授）他
30	健康と住居	入江　建久（新潟医療福祉大学教授）
31	地域から発信する居住福祉	野口　定久（日本福祉大学教授）

筆者紹介

全泓奎（じょん　ほんぎゅ）

1969年　韓国ソウル市に生まれる。

2005年　東京大学大学院工学系研究科都市工学専攻（国際都市計画・地域計画研究室）博士課程修了、工学博士。

経歴

2007年～2008年　大韓民国政府国土海洋部居住福祉企画課事務官（福祉係長）

2007年　日本福祉大学大学院国際社会開発研究科非常勤講師

2005年～2007年　日本福祉大学COE主任研究員

2008年～現在　大阪市立大学都市研究プラザ准教授

2011年～現在　四国学院大学社会福祉学部非常勤講師（「居住福祉論」担当）

日本居住福祉学会事務局長、こりあんコミュニティ研究会事務局長、貧困研究会運営委員、『ホームレスと社会』編集委員、「東日本大震災復興期におけるあるべき居住セーフティネットに関する調査研究事業」調査検討委員会委員

主な論文・著書

全泓奎（2012）「韓国ホームレス福祉法の制定と包括的な支援システムの整備」『ホームレスと社会』（Vol.5）81-89頁。

全泓奎（2011）「「住宅」と『サービス』との複合化による居住困窮層支援」外山 義・野口定久・武川正吾編『居住福祉学』有斐閣。

全泓奎・南垣碩（2011）「韓国の居住問題と居住福祉政策」『居住福祉研究』（No.11）25-42頁。

全泓奎編（2010）『日韓における住宅困窮層への包摂的な居住支援モデルの構築に関する比較研究』財団法人第一住宅建設協会。

受賞　2002年　第13回日本建築学会優秀修士論文賞受賞。

（居住福祉ブックレット22）

韓国・居住貧困とのたたかい：居住福祉の実践を歩く

2012年4月25日　　初　版第1刷発行　　〔検印省略〕

定価は裏表紙に表示してあります。

著者©全泓奎　装幀 桂川潤　発行者 下田勝司　印刷・製本 中央精版印刷

東京都文京区向丘1-20-6　郵便振替00110-6-37828

〒113-0023　TEL（03）3818-5521　FAX（03）3818-5514　発行所 株式会社 東信堂

Published by TOSHINDO PUBLISHING CO., LTD.

1-20-6, Mukougaoka, Bunkyo-ku, Tokyo, 113-0023, Japan

E-mail : tk203444@fsinet.or.jp　http://www.toshindo-pub.com

ISBN978-4-7989-0121-3 C3336　© Jeon, Hong Gyu

「居住福祉ブックレット」刊行に際して

安全で安心できる居住は、人間生存の基盤であり、健康や福祉や社会の基礎であり、基本的人権であるという趣旨の「居住福祉」に関わる様々のテーマと視点―理論、思想、実践、ノウハウ、その他から、レベルは高度に保ちながら、多面的、具体的にやさしく述べ、研究者、市民、学生、行政官、実務家等に供するものです。高校生や市民の学習活動にも使われることを期待しています。単なる専門知識の開陳や研究成果の発表や実践報告、紹介等でなく、それらを前提にしながら、上記趣旨に関して、今一番社会に向かって言わねばならないことを本ブックレットに凝集していく予定です。

2006年3月

日本居住福祉学会
株式会社　東信堂

「居住福祉ブックレット」編集委員

日本居住福祉学会のご案内

〔趣　　旨〕

人はすべてこの地球上で生きています。安心できる「居住」は生存・生活・福祉の基礎であり、基本的人権です。私たちの住む住居、居住地、地域、都市、農山漁村、国土などの居住環境そのものが、人々の安全で安心して生き、暮らす基盤に他なりません。

本学会は、「健康・福祉・文化環境」として子孫に受け継がれていく「居住福祉社会」の実現に必要な諸条件を、研究者、専門家、市民、行政等がともに調査研究し、これに資することを目的とします。

〔活動方針〕

(1) 居住の現実から「住むこと」の意義を調査研究します。
(2) 社会における様々な居住をめぐる問題の実態や「居住の権利」「居住福祉」実現に努力する地域を現地に訪ね、住民との交流を通じて、人権、生活、福祉、健康、発達、文化、社会環境等としての居住の条件とそれを可能にする居住福祉政策、まちづくりの実践等について調査研究します。
(3) 国際的な居住福祉に関わる制度、政策、国民的取り組み等を調査研究し、連携します。
(4) 居住福祉にかかわる諸課題の解決に向け、調査研究の成果を行政改革や政策形成に反映させるように努めます。

学会事務局・入会申込先

〒558-8585　大阪市住吉区杉本3-3-138
大阪市立大学　都市研究プラザ
全泓奎研究室気付
TEL・FAX　06-6605-3447
E-mail　jeonhg@ur-plaza.osaka-cu.ac.jp
http://www.geocities.jp/housingwellbeing/
郵便振替口座：00820-3-61783

東信堂

人は住むためにいかに闘ってきたか ―〔新装版〕欧米住宅物語	早川和男	二〇〇〇円
（居住福祉ブックレット）		
居住福祉資源発見の旅：新しい福祉空間、懐かしい癒しの場	早川和男	七〇〇円
どこへ行く住宅政策：進む市場化、なくなる居住のセーフティネット	本間義人	七〇〇円
漢字の語源にみる居住福祉の思想	李桓	七〇〇円
日本の居住政策と障害をもつ人	大本圭野	七〇〇円
障害者・高齢者と麦の郷のこころ：住民、そして地域とともに	伊藤静美・田中秀樹・加藤直人	七〇〇円
地場工務店とともに：健康住宅普及への途	山本里見	七〇〇円
子どもの道くさ	水月昭道	七〇〇円
居住福祉法学の構想	吉田邦彦	七〇〇円
奈良町の暮らしと福祉：市民主体のまちづくり	黒田睦子	七〇〇円
精神科医がめざす近隣力再建：進む「子育て」砂漠化、はびこる「付き合い拒否」症候群	中澤正夫	七〇〇円
住むことは生きること：鳥取県西部地震と住宅再建支援	片山善博	七〇〇円
最下流ホームレス村から日本を見れば	ありむら潜	七〇〇円
世界の借家人運動：あなたは住まいのセーフティネットを信じられますか？	髙島一夫	七〇〇円
「居住福祉学」の理論的構築	柳中権・張秀萍	七〇〇円
居住福祉資源発見の旅Ⅱ：地域の福祉力・教育力・防災力	早川和男	七〇〇円
居住福祉の世界：早川和男対談集	早川和男	七〇〇円
医療・福祉の沢内と地域演劇の湯田：岩手県西和賀町のまちづくり	高橋典成・金持伸子	七〇〇円
「居住福祉資源」の経済学	神野武美	七〇〇円
長生きマンション・長生き団地	千代崎一夫・山下千佳	八〇〇円
高齢社会の住まいづくり・まちづくり	蔵田力	七〇〇円
シックハウス病への挑戦：その予防・治療・撲滅のために	後藤三郎・迎田允武	七〇〇円
韓国・居住貧困とのたたかい：居住福祉の実践を歩く	全泓奎	七〇〇円

〒113-0023 東京都文京区向丘 1-20-6　TEL 03-3818-5521　FAX03-3818-5514　振替 00110-6-37828
Email tk203444@fsinet.or.jp　URL:http://www.toshindo-pub.com/

※定価：表示価格（本体）＋税